ÉDITIONS A. SALTZMANN

A LA RECHERCHE
DE LA VÉRITÉ

En collaboration avec l'invisible

MESSAGES

REÇUS ET DE FAÇON SUIVIE

Par la révélation médiumnique

PARIS

CHEZ M. ALPHONSE SALTZMANN

3, RUE FRANCISQUE-SARCEY (XVIe)

1930

A la recherche de la Vérité

ÉDITIONS A. SALTZMANN

A LA RECHERCHE DE LA VÉRITÉ

En collaboration avec l'invisible

MESSAGES

REÇUS ET DE FAÇON SUIVIE

Par la révélation médiumnique

PARIS

CHEZ M. ALPHONSE SALTZMANN

3, RUE FRANCISQUE-SARCEY (XVIe)

1930

PRÉFACE

Lorsque les temps seront révolus, je vous enverrai l'Esprit de Vérité, a promis le divin Initié à ses bien-aimés disciples.

Ces temps doivent être proches, car de toutes parts des bouches inspirées crient la vérité divine.

Cet ouvrage en est une confirmation éclatante. Il fut dicté littéralement par nos amis invisibles et l'auteur n'a rien voulu y changer par respect pour ses guides. C'est pourquoi cette œuvre ne comporte aucune technique littéraire proprement dite. Fruit absolu et exclusif de l'inspiration, ses pages en sont classées, non d'après la logique humaine, mais simplement dans leur ordre chronologique.

Ceux qui le parcourront avec sincérité et désir de s'élever y puiseront certainement les éléments d'une véritable initiation à un occultisme et un mysticisme empreints d'une haute spiritualité; et, nous les souhaitons nombreux afin que règne vite sur la terre Celui, qui de sa splendeur céleste, consent une fois encore à descendre vers notre pauvre humanité pour l'éclairer, la consoler, la rénover.

Alphonse SALTZMANN.

A LA RECHERCHE DE LA VÉRITÉ

Réminiscence du passé, temps préhistoriques
Les Celtes, leurs origines

13 octobre 1928.

Race venant des hauts plateaux de Pamir, petit noyau au début, restes d'un grand peuple qui occupa l'ancienne Lémurie, pays qui s'étendait des terres boréales au pays des Atlantes, maintenant l'Atlantique ; race, dis-je, de surhommes vivant, à cette époque, dans un état demi-fluidique. Par leur constitution et leur conformation, ils étaient à demi-conscients du plan terrestre, vivant plutôt plongés dans la vie extra-terrestre ou astrale.

A la longueur des siècles, ces habitants primitifs et pourtant plus avancés que nous par le développement de leurs sens, qui percevaient à l'état latent, ce qu'en partie bien minime, voient ceux que vous appelez médiums.

A la longueur du temps leur conscience

se développant, leur vie terrestre changea ; mais, contresens, leurs yeux terrestres ouverts, l'œil intérieur s'obscurcit de lui-même et peu à peu ces demi-dieux, puisqu'ils procédaient de l'un et de l'autre plan, devinrent seulement des hommes. Mais, si le sens des connaissances disparut parmi le peuple presque entier, malgré tout, il en resta quelques-uns dont les sens développés permirent de constituer un trésor. Trésor destiné à être légué aux nations dans l'avenir : trésor des connaissances supra-terrestres ou supra-normales ; une partie nous resta malgré les bouleversements qui se sont suivis de la terre et de ses satellites. L'hémisphère boréal se refroidit, chassant, devant ses glaces, les habitants de ce pays.

Par des renaissances successives, le noyau restreint de ce qui fut la Lémurie vint se réfugier sur les hauts plateaux du Thibet et de Pamir. Là, se créèrent des centres initiatiques où les secrets de vie et de mort furent soigneusement gardés. Puissance redoutable mise entre les mains de ceux qui étaient parvenus au plus haut degré hiérarchique.

Les habitants du vieux sol gaulois descendirent par le Caucase, la Russie Blanche, l'Hindoustan, l'Inde, dans certaines parties, refluèrent ensuite vers les parties méridionales du sud de la Gaule antique : tout le bassin de la Méditerranée, l'Espagne, en partie, Aix-en-Provence.

Dans les forêts se formèrent des groupes de villes importantes, qui furent au début des haltes seulement. De là, ils firent le crochet, gagnèrent les arêtes vives que laissa l'Atlantide submergée : la Gascogne et ses golfes, la Vendée, pour revenir au siège d'une des plus pures branches du peuple Celtique : la Bretagne, où s'est conservé dans son langage pittoresque le culte des ancêtres, leur place au foyer en certains jours de décembre. Le pays des fées, des génies, des farfadets, des gnomes, tout y est. Mais à cette époque la Bretagne était unie à ce que vous appelez l'Angleterre, l'ancien pays des Angles ; d'humeur farouche et solitaire certains recherchaient plutôt les pays âpres aux hauts sommets : l'Écosse où dans les montagnes s'est conservé le sang pur des ancêtres, qui communient en pensée et tendent la main aux Gallois, s'unissant par une triple chaîne aux Celtes de la Bretagne française.

Par ilots dispersés notre Gaule fut peuplée de clans gardant jalousement les traditions du passé, conservant même leurs idiomes où la dialectique celtique se retrouvait. Leur tempérament les portait à la méditation et à l'étude des astres. La poésie éclatait dans leurs réunions, où jeunes et vieux, jouant d'émulation, se dressaient inspirés en récitant les vers et les lais de leur composition.

Les Druides possédèrent au début une partie des forces au pouvoir des Initiés ; antiques descendants de la même souche : les Iraniens, les Celtes, les Indous en partie.

Les Druides, à l'apogée de leur gloire, se coiffèrent de couronnes d'or et le sceptre en main laissèrent tomber le Caducée et la branche d'olivier. Pour assurer leur règne sur la matière qui se rebellait, ils firent couler le sang en holocauste aux dieux, s'éloignant par ce fait de l'antique sentier de la divine sagesse. Le résultat de leur désobéissance et leur révolte leur valurent le supplice de perdre la vie et de voir disperser leurs sanctuaires profanés, n'ayant plus pour soutien que le mauvais. Ainsi tomba un des plus purs centres du génie celtique, de l'antique Gaule ou France. La louve passa !... J'ai voulu, par ce petit aperçu, te montrer, Amie, qu'il reste de par le monde, bien des descendants possédant les dons des Celtes aux longs cheveux. Toi-même as vécu bien des fois en des endroits multiples, et as écouté les rapsodies des vieux bardes et des Trouvères du pays provençal.

Question. — Pourquoi tant de vies ?

Réponse. — Une vie ! un jour dans l'éternité des temps, un rien, un grain de fine poussière. Aux yeux de Dieu : rien, rien !...

Question. — Il y a bien un début à ces vies ?

Réponse. — La nébuleuse, astre radieux en pleine ignition, dans sa course vagabonde, capta le plasma qui fut la semence des êtres vivants qui peuplèrent les continents.

Question. — Que faut-il comprendre par le plasma ?

Réponse. — Les germes de vie, l'attraction par la loi des divines harmonies. Êtres incomplets et rudimentaires encore : tels vous êtes et nous sommes eu égard aux êtres divins dont la splendeur ne peut se décrire ; nos yeux imparfaits n'en pourraient soutenir l'éclat, ni le supporter surtout. Ces êtres sublimes, créés de toute éternité par Dieu, sont les uns, en dehors des lois de notre humanité ; les autres sont parvenus aux plus hauts sommets par des efforts multiples, qui demandent parfois et qui ont demandé des forces géantes pour se maintenir sur le chemin si étroit et si difficile, où il faut passer pour traverser des abîmes, où il faut être de cœur assuré et sans craindre le vertige, les regards fixés vers le but et sans en dévier d'un point. La victoire reste au plus hardi !...

Question. — Cela me semble décourageant, quel temps faudra-t-il pour arriver au but et y arrive-t-on jamais ?

Réponse. — Qu'importe le temps, puisque nous sommes certains de parvenir aux cimes, malgré les chutes multiples.

JEHAN, dit Fleur de pensée.

Du Celtisme au Christianisme

Jeudi, 18 octobre 1929.

J'ai tracé d'un crayon subtil, à peine ébauché, la grandeur de ce qui fut ou plutôt est le Celtisme. Aux quatre coins du monde, éparpillés, les descendants de pure race celtique se reconnaissent toujours par leurs affinités, la souplesse de leur esprit, les aptitudes aux sciences et surtout le côté contemplatif, spirituel s'entend. Épris d'idéal, goûtant aux fruits terrestres, mais leurs regards tournés vers le ciel, retrouvant au fond de leur moi ancestral la soif d'apprendre et de relire dans le livre de vie : source inépuisable des vraies sciences. De l'Est à l'Ouest, du Nord au Midi, éternels voyageurs, aux carrefours des vies ils se retrouvent souvent. Telles vous êtes en ce moment issues de même famille ou plutôt du même clan : aspirations identiques, idéal tourné vers les plus hauts sommets.

Celtiques vous êtes !

Dans les révolutions multiples et les convulsions géantes où tombèrent tant d'empires, dont les racines étonnent encore le vieux monde : Ninive, Babylone, le Pérou, le Mexique avec ses temples et ses ruines encore existants. L'Inde foyer extra-suprême où le feu s'est entretenu d'âge en âge, de génération en génération. Ces temples, pures merveilles de l'architecture indienne, révèlent, aux yeux du voyageur étonné, un aspect inattendu des grandeurs passées. Le pèlerin, s'il sait comprendre retrouve dans ces pierres les figures hiéroglyphiques, les signes zodiacaux, les caractères les plus reculés de ce qui fut les premiers balbutiements de la langue lémurienne.

Les Lémuriens, peuple descendu des hauts plateaux de Pamir aux cîmes élevées, perpétuées pour l'éternité dans la mémoire des hommes. Livre intelligent pour qui sait y lire. Je ne repasserai pas la légende héroïque de Rama le celtique et le druide partant à la conquête, armé du symbole qui devait lui donner la victoire : l'agneau symbolique, ou bélier combattant le taureau, emblème des plus mauvaises forces et de la matérialité.

Rama, dis-je, courba sous son sceptre de conquérant tous les peuples de l'Occident jusqu'aux rives du Gange, assurant son empire en laissant à chaque étape un groupe de purs *(comprenez Initiés de haut rang)*, qui prêtres et législateurs en même temps, tenaient le glaive d'une main, de l'autre la charrue.

Ce chef, à nul autre égalé, sut organiser le plus vaste empire qui fut, aidé dans sa tâche sublime par les élus qu'il sut grouper autour de lui. Les peuples soumis, le bien-être, la fécondité succédèrent à l'anarchie. *(Anarchie des peuples terrestres, Anarchie des croyances).* Mais il subordonna législation, services multiples et de tous genres au pouvoir sacerdotal, dont il fut nommé chef ou pontife suprême. Longtemps après sa mort, qui fut tenue cachée un assez long temps, l'ordre régna dans tous ses états : ce fut l'âge d'or pour les peuples sous le sceptre de Rama. Dans la longue suite des temps se succédant, tel un sablier, les liens, qui tenaient tous ces peuples attachés étroitement, se relâchèrent et finirent par se rompre. Insensiblement le monde revint aux idoles d'antan : le ciel s'obscurcit, les sanctuaires ne furent plus respectés, des idées nouvelles surgirent, partout l'incohérence. Des autels s'élevèrent, l'homme s'érigea Dieu : époque de la décadence. Les sanctuaires eux-mêmes n'échappaient pas à l'ambiance : prêtres et hiérophantes se relâchèrent de leurs vœux, l'austérité des mœurs disparut, on accommoda le ciel à ses désirs...

Le châtiment ne se fit pas attendre : l'Être Suprême, chassé de ses temples, chercha d'autres résidences. L'Égypte naquit, là les débuts furent purs. Les Pharaons régnèrent, rois et sacerdotes en même temps. Thèbes vit rayonner son nom en caractères merveilleux dans les cerveaux de ses disciples : éclatante phalange qui vint s'asseoir sous les hautes voûtes de ses temples pour y puiser : leçon sublime, le secret des merveilleux esprits qui régnèrent sur les hommes à l'époque lointaine des premiers temps. Là se tenait, jalousement conservé, le secret des réincarnations multiples, le pouvoir des dieux transmis aux hommes. Pouvoir magique, qui demandait pour l'obtenir, de longues années, de dures épreuves et le renoncement.

L'homme arrivé à ce degré d'initiation commandait aux éléments ; c'était en un mot : un *surhomme*. Dans ces centres qui rayonnèrent sur une partie du monde, Orphée, Pythagore et bien d'autres puisèrent largement. La Grèce connut, par les Initiés, une période de gloire et de prospérité sans exemple. Mais des nuages s'amoncelaient à l'horizon : un ramassis d'hommes, ne vivant que de rapines et de meurtres, établit son camp dans l'enceinte aux sept collines : Rome ! Et, selon la légende, une louve allaita les deux enfants qui devaient conduire ces hommes au pillage.

Qui ne connaît comment naquit Rome, qui n'a lu dans l'histoire ses pas chancelants, harcelée de tous côtés par des peuples de même race, mais qui possédaient une constitution. Peu à peu la bourgade prit figure de ville et s'agrandit aux dépens de chacun. Des sages gouvernèrent la peuplade indocile, les vertus héroïques surgirent dans ses rangs : Tarquin l'ancien, Lucrèce furent des figures en relief. Son ambition grandit, le fer à la main, ses fils descendirent du Mont Aventin à la conquête du monde. Quelle ruée splendide! Que de feu! que de sang! que de ruines! Rome, tour à tour, vainqueur et vaincue, confiante malgré tout en ses destinées futures, reconstitua peu à peu et rangea sous son sceptre ce qui fut l'empire de Rama. Mais cruelle et impitoyable la louve ne laissa que ruines et sang où elle passa : sanctuaires détruits, prêtres immolés, elle ne voulut qu'elle pour régner sur la plus grande partie de l'humanité.

Les croyances amoindries, les sanctuaires détruits, les peuples furent privés des soutiens qui étayaient leurs croyances, leur foi : tout croula. Les dieux prirent figure humaine, les passions s'érigèrent triomphantes en statues impudiques et obscènes. Plus de décence, plus de croyance : l'on se ruait au plaisir et dans le silence on attendait un Régénérateur, un Envoyé.

JEHAN, dit Fleur de pensée.

Le Christ et son œuvre

23 octobre 1928.

A l'époque déjà reculée de ces faits connus et si souvent commentés : décadence des arts et de la science, dissolution des mœurs, dépravation, corruption partout. Telle était l'époque précédant Auguste. La matière régnait, était maîtresse incontestée ; sur ses autels tous y sacrifiaient du plus haut au plus bas de l'échelle. L'évolution était arrêtée, il fallait donc autre chose pour secouer l'apathie des uns, corriger la sensualité des autres: la foudre était nécessaire... Et voilà, qu'en ce pays de Judée, si fertile en souvenirs d'antan pour les Juifs surtout, l'ange vint sachant d'avance où était la femme-enfant, la vierge impolluée. De longs siècles avaient été nécessaires pour orner et polir ce vase d'élection. La semence était bonne, l'arbre de Jephté reproduisait une tige robuste et saine, tout était prêt. Le ciel obscurci ne laissait filtrer qu'une rare et avare lumière (Au sens prophétique du mot). L'ange messager du Père se présenta devant elle, la saluant en ces termes: « Je te salue, ô femme, pure entre les femmes, le Seigneur te couvre de son ombre, son Esprit est sur toi. Et voilà que tu concevras en ton sein un Être divin. Il portera un nom et ce nom ce sera Jésus qui veut dire Sauveur. » La femme, l'enfant plutôt, et qui savait beaucoup de choses ayant grandi à l'ombre et dans le silence du temple, répondit simplement: « Qu'il me soit fait selon votre parole et béni soit le Seigneur d'avoir choisi sa servante ». Gabriel dans un nuage de feu, messager de Dieu, prit acte de cette foi, de cette soumission à la volonté de Dieu, s'envola, dis-je, vers le trône où règne Celui qui est Lumière et Sagesse, Supériorité, Immensité.

La semence était donnée, conception encore mise en doute par beaucoup, sinon par la majorité. Mais, si on nie ces choses ou plutôt ces actes, aucun n'en peut donner assertion vraisemblable ; mais celui qui sait lire dans l'occulte, dans ce grand livre où est inscrit en caractères indélébiles la loi des effets et des causes, celui-là qui en a étudié les arcanes secrets, Initié du plus haut degré, ne peut nier ce qui paraît aux yeux du vulgaire surnaturel et impossible à croire.

Nous voici donc loin de notre sujet : la naissance de l'Envoyé. Marie accompagnée de Joseph voyageant à petites journées, par étapes lentes, se dirigent sur Jérusalem. Bethléem était là, où de nombreux siècles avant, on avait montré par les prophéties qu'elle était la privilégiée entre toutes les villes de

Judée, puisqu'elle devait voir la naissance du Messie, fils de Dieu. Les étapes sont longues, les voyageurs nombreux; là, où on accueille le voyageur indigent, le caravansérail est comble, plus de place pour eux, où va-t-on se reposer ? On se sent las et fatigué, une étable est proche... Pourquoi pas là ? Et, Joseph guidant Marie l'installe sur la modeste couche de paille, attendant le jour près de paraître pour reprendre leur marche. Il était écrit que là devaient s'accomplir les promesses des prophètes et de tous ceux que l'Esprit avait visités: prophéties multiples et non contestées. Minuit près de sonner, la femme-enfant, surprise par les douleurs subites de l'enfantement, met au monde Celui que l'on attendait avec tant d'espérance, de joie et tant d'impatience.

Naissance saluée par les chants mélodieux des anges. Il voulut, le divin Enfant, que les premiers hommages lui fussent donnés par de pauvres bergers, ses frères en souffrance. Ce n'est qu'après qu'Il reçut l'hommage des rois mages : Melchior, Gaspard, Balthazar. L'or en signe de royauté lui fut offert, l'encens symbolisant sa divinité, la myrrhe les souffrances. Ainsi s'accomplit la naissance de Celui dont depuis tant de millénaires on annonçait la venue. Son enfance fut celle de beaucoup d'enfants, instruit Il fut ; il existait des centres secrets où la vision était donnée au plus haut degré. Il fut instruit là, aidé, protégé dans l'œuvre qu'Il devait accomplir, jusqu'au jour où commença son apostolat : voile jeté sur le mystère de sa vie de la 12e à la 30e année, moment extrême où Il commença sa prédication.

Ceux qui savaient le reconnaissaient, non à son aspect humain, mais au rayonnement qui l'enveloppait. Des choses secrètes qu'Il connaissait, peu à peu Il en orna l'esprit de ses disciples: les apôtres furent une sélection. Cela forme la doctrine secrète de l'Église, conservée depuis le début par voix orale et par tradition. J'ai montré ce que fut la naissance du Christ, sa mort vous la connaissez, j'en arrive à l'œuvre vive.

— La venue de cet Envoyé divin bouleversa dans les plans supérieurs et inférieurs beaucoup de forces; cela était nécessaire, car il fallait que dans les plans inférieurs surtout, la vérité fut connue, la rédemption annoncée. L'espérance allumait son flambeau pour ceux qui vivaient dans l'ombre, attendant depuis si longtemps ce jour. Tout fut bouleversé : là, où la loi du talion régnait, fut inscrite en lettres de feu la loi d'amour. Loi nouvelle, dont le monde était étonné et qui peu à peu par sa douceur et la grande force qui en émanait, gagna les continents tour à tour. Le

Crucifié régnait de nom, sinon de fait.

Les premiers temps de ce renouveau furent fertiles en prodiges ou miracles si vous voulez, puisqu'ils violaient les lois de la nature, de la création plutôt, arrêtant la décomposition des corps, faisant revenir l'esprit des lieux sombres où il était parti.

Le monde entier étonné se tourna vers Jérusalem et les lieux Saints tout vibrants encore du souvenir de Celui qui fut le Bien-Aimé pour ses disciples. Persécutions multiples, carnages de toutes sortes, rien n'arrêta la marche de la Parole. Tout était force dans la parole divine éveillant au fond des cœurs et des âmes des mélodies inconnues, des aspirations divines vers la source dont Psyché était descendue. Temps d'ardente foi où les martyrs s'offraient à foison ; Rome et la louve qui régnaient sur le monde, multipliaient en vain les supplices, les holocaustes des martyrs; rien n'arrêtait le torrent, source d'eau vive, il devait servir à désaltérer les vivants. Hélas ! A ces temps de lumière pure, de vives aspirations, succéda la période des invasions. Barbares et Tartares se ruèrent sur l'Occident; à l'Orient venait de naître l'Islam. A ces luttes, à ces batailles sans nombre, un temps sombre était venu : ignorance, décadence nouvelle... La loi de Christ fut violée par les grands de ce monde, la féodalité mit des chaînes au cou et aux mains de ceux que Christ était venu délivrer et toujours s'obscurcit le but suprême où l'amour devait unir tous les êtres, selon la volonté de Celui qui était venu sceller cette promesse de son sang. Lutte des pauvres et des grands qui aboutit aux droits de l'homme; ce n'est pas encore la lumière pour le pauvre: une illusion sans plus. L'ouvrier, le pauvre cherchent vainement la liberté dans ce monde ignorant et aveugle, oubliant qu'il porte en lui le flambeau de toutes les pérégrinations. Voyageur infatigable, du Zénith au Couchant il a parcouru tant de pays qu'il est las maintenant, toujours à la poursuite de ce qui a fui: la liberté, la liberté !...

Et voici que toujours fut violée et l'est encore de nos jours, la leçon du divin Envoyé: l'apaisement des passions, plus de pureté, plus d'égalité. Que la soif du lucre ne pousse pas le frère sur la tête de son autre frère, issus tous deux du même foyer: tous doivent y retourner.

Pour faire régner Christ, pratiquez tous, frères, sœurs, la leçon divine du pardon, de l'abnégation, du sacrifice de vous-même, la divine charité et tout cela sous d'autres mots; aidez vos frères incroyants ou ne possédant rien, doucement, toujours avec patience. Que vos efforts tendent vers leurs champs laissés en friche. Pionniers de l'avant-garde n'épargnez ni vos peines, ni vos sueurs, vous êtes les premiers en avant; s'il vous est beaucoup donné, il vous sera beaucoup demandé. Suivez l'Égide qui se dresse au sommet de la conduite divine, Elle vous donnera la force de vivre en pratiquant une vie de renoncement et d'oubli pour tout ce qui n'est pas amour et pardon. Pardonnez toujours et que ce soit le mot inscrit sur votre blason: « Le pardon. »

Un Initié et Fleur de pensée.

La loi nouvelle, la loi christique mise en action

30 octobre 1928.

Ces temps révolus des périodes d'activité et d'inaction, de clarté et d'ombre, les peuples de nouveau sont en attente... Le peuple, courbé sous des fardeaux trop lourds, s'éveillait au contact d'activité qui elle, demeurait dans l'ombre. Il commençait à analyser le pourquoi des choses: pourquoi tant de différence entre les riches et les pauvres puisque Christ avait montré la divine loi de fraternité et d'égalité devant Dieu. Les naïves croyances s'émoussaient, s'estompaient dans un crépuscule toujours plus obscur, l'incroyance s'érigeait partout, les yeux n'étaient plus tournés vers le ciel; mais le corps était maître de l'esprit et l'enchaînait au matériel par des liens lourds et solides. La négation était dans les âmes, l'on ne croyait plus à la loi de rénovation; il fallait de nouveau frapper les foules par des phénomènes sortant de l'ordinaire et en dehors de toutes conceptions. Ce qui avait été caché autrefois et jusqu'ici devait se montrer au grand jour.

Le spiritisme naquit.

Science déjà connue dans la reculée des siècles et des âges lointains de l'humanité première, mais qui était tombée en désuétude. Elle restait l'apanage, soit de gens obscurs, soit de centres plus ou moins éclairés; seuls restaient dans nos contrées occidentales quelques rares Initiés.

Je ne mettrai pas en parallèle l'Inde et ses fakirs ou yokis; le Thibet avec son dieu vivant et sans cesse renouvelé et d'autres encore qu'il serait trop long d'énumérer : Rose-Croix, Martinisme et tous ceux qu'intéressaient les lois de l'hermétisme. Astrologie et astronomie fleurissaient sans continuité de part et d'autre, quand se produisirent les premiers symptômes probants dans l'ancienne et la jeune Amérique. Elles eurent leurs fanatiques ; des enthousiasmes naquirent qui furent portés jusqu'au paroxysme du délire. Mais un fait indéniable resta et qui ouvrit le champ à des horizons nouveaux: l'on ne nia plus, quand sur la foi du serment, des témoins autorisés certifièrent les faits rigoureusement contrôlés.

Les Américains, gens pratiques, voulurent aller plus loin et de proches en proches commença la croisade de la foi nouvelle, qui n'était elle-même qu'une réminiscence de ce qui fut autrefois. L'heure était venue de terrasser le dragon qui menaçait par ses déjections d'empoisonner la terre; l'hydre aux sept têtes se dressait orgueilleusement, elle menaçait de régner sur la terre et de tout soumettre à ses lois. Ténèbres et lumières la combattaient lorsque la cohorte blanche parut armée de pied en cap et prête au combat. La spiritualité se dressait face à la matière : c'était le début d'un combat acharné, il fallait donc vaincre à tout prix. Toutes les armes étaient bonnes pour frapper le monde entier qui s'obstinait à marcher à reculons. Lui, qui niait la lumière, il fallut le mettre en contact avec le pays des ombres, peu à peu lui montrer que ce corps mortel, dont il était si fier, retourne à la terre, mais que le Moi, fruit de tant de vies, ne perdait pas son centre d'action et retournait là d'où il était parti, après de multiples pérégrinations. Lui montrer enfin qu'il existe un esprit quand la mort a tranché le lien et lui a rendu sa liberté d'action. Cet esprit, libre et soumis aux lois qui régissent les mondes invisibles, peut se faire voir, se montrer tel qu'il fut autrefois, se laisser toucher même (ou matérialisation). Cet esprit, dis-je, doué de forces dont les pauvres humains ne comprennent pas toujours l'action exercée sur eux par ces êtres dépourvus de matière. Il fallait montrer aux hommes que si la matière meurt, l'esprit reste indestructible, et du plus bas échelon au plus haut parvis, ne reste jamais inactif. (L'échelle de Jacob reste une figure appropriée à la leçon).

Depuis ces temps peu reculés, l'idée nouvelle a marché; mais déjà, que de pèlerins ont pris des routes diverses et se sont dispersés. Ceux qui sont aux sommets ne sont souvent dirigés que par l'orgueil de paraître et la soif du lucre. A la foi pure des débuts a succédé une période, non seulement de doute, mais d'incrédulité pour les hauts sommets. La foule, elle, reste naïve et confiante comme autrefois, elle chérit ceux qui reviennent de l'autre côté lui rappeler des souvenirs, lui parler d'affection, lui montrant que les liens de famille ne sont pas brisés par l'absence, mais au contraire renforcés par le souvenir.

Que de lumière dans ces milieux humbles et naïfs pour la plupart, que de consolations données, que de foi ravivée; car là, viennent des instructeurs placés haut, qui montrent de nouveau le chemin à la foule attentive. Le chemin, dis-je, qu'on avait oublié et par où Christ est passé. Souvent leur voix puissante remue des cœurs et façonne des consciences; la foi ravivée, tel un flambeau nouveau, brille sur ces fronts, sur ces têtes inclinées.

O pure Lumière! descends à foison, inonde de joie et de bonheur les âmes qui frémissent à ta divine chanson; telles des harmonies divines, tu sais charmer et les âmes et les cœurs. O pure Lumière! O Dieu tout-puissant!

Ces êtres purs, qui ont accepté de souffrir à nouveau pour votre humanité, ne se lassent pas de poursuivre la tâche avec amour, jusqu'au jour où brilleront de nouveau et le Saint Evangile et le Golgotha. Nouveaux textes en mains renovés par une foi ardente, des maîtres, des chrétiens plutôt, montreront à la foule étonnée que le règne de Christ ne fait que commencer. Et ceux qui, au nom du Nazaréen pauvre et nu, parlent sur des trônes, tiare en tête et sceptre en mains, ceux-là, dis-je, seront précipités de bien haut pour expier le crime d'avoir annoncé un Evangile si peu conforme au premier. Il leur faudra reprendre le bâton de pèlerin, pieds nus et dans la cendre marcher jusqu'au Divin, ayant oublié les principes premiers de

Celui qui, du haut de la Croix, leur montra l'égalité en pauvreté. Et, de ce jour mémorable naîtra une ère nouvelle où l'amour régnera entre frères. Vous vous acheminez, frères et sœurs, dans ce chemin nouveau, ne sacrifiez pas aux autels placés sur la route, marchez d'un pas hardi vers la route où se dresse nouvelle et symbolique la Jérusalem mystique, la demeure aux cent portes d'ivoire et d'or, la Cité aux parvis de perles, où les murs eux-mêmes sont faits d'onyx et de sardoine. Si vous savez continuer la route d'un pas ferme, sans défaillance et les yeux fixés sur le but, à la vue de la Cité sainte vous serez ravis en tous sens: sens perdus et retrouvés, vous jouirez du bonheur ineffable réservé aux élus. Le drapeau et l'épée en mains, marchez donc à la conquête du but.

UN INITIÉ et JEHAN, dit Fleur de pensée.

Du rôle des médiums et de ceux possédant un don dans la construction du nouveau règne qui s'avance fait de spiritualité et d'abnégation

7 novembre 1928.

La science positive et abstraite côtoiera les plus hauts sommets du spirituel. La tâche est lourde aux épaules de chacun, mais qu'importe, si la maison s'élève et se construit solidement. Celui qui dirige les travaux multiples des deux mondes, porte l'emblème, sur son blason, du soleil: signe des temps nouveaux et de rénovation. Nous ne sommes qu'à l'aube, peu à peu, les rayons de ce soleil fulgurant chasseront les ombres et feront reculer l'ignorance. Ayez donc foi en un Dieu juste et bon, qui lorsque ses enfants sont en souffrance, leur donne, tout à la fois, le remède et la guérison. Christ ne laissera pas péricliter son domaine. Pasteur infatigable, Il conduit le troupeau de champ en champ, paissant et tondant le gazon. Le troupeau, habilement conduit, s'achemine lentement vers les prairies divines où las et fatigué, il prendra du repos. Christ est le bon berger, Il n'aura de cesse que la dernière brebis du troupeau soit, elle aussi, assise et parée pour le festin où tout est couronné: le labeur, la souffrance. Car toute brebis a expié par des souffrances répétées sa descente en la matérialité.

CRUCIS.

Le médium par lui-même, nature complexe et d'organisme sain, est un être un peu mieux doué que les autres, mais n'est pas comme aiment à le décrire écrivains et contemporains *(névrosé, détraqué, folie latente, etc., etc.).* Il n'est rien de tout cela; mais cet être si compliqué qu'il paraît être, n'est en somme qu'un individu ayant beaucoup besogné et glané sur la route: il est vieil esprit, bien souvent, possédant des connaissances qui échappent aux autres. Il vit, cet être, sur deux plans. Pour mieux vous faire saisir, c'est-à-dire qu'il possède des sens qui saisissent et perçoivent, sur le plan terrestre et les plans environnants, des visions ou images fugaces qui passent devant l'écran en y laissant une empreinte bien nette: la vision.

L'oreille perçoit et des voix et des sons, l'ouïe entend, l'odorat reste le centre et lui aussi ne reste pas inactif au milieu de ces sens.

Ce sont, pour mieux vous faire comprendre, les descendants directs des Lémuriens et des Atlantes. Leurs sens ne sont que voilés, ils peuvent par la pensée monter en des centres inaccessibles aux autres. Ces êtres, tout à la fois complexes et simples, ont la légèreté du Sylphe pour voler et se déplacer, en pensée le plus souvent. Mais de ces nobles facultés, si enviées aux époques reculées, il m'est permis de dire qu'il ne vous est donné qu'une surface, une bribe auprès de ce qui fut donné autrefois. Dons multiples et compliqués et qu'il faut bien regarder en face, pour savoir reconnaître le vrai du faux.

Il faut à celui qui possède ces dons si souvent funestes, l'expérience de la vie, un cœur pur et exempt d'envie; qu'il foule sous ses pieds le serpent, symbole de l'orgueil ancestral, qui perdit les créatures d'antan. Il faut qu'il tranche, qu'il coupe, souvent lui-même dans sa vie, des liens chers, de vieilles habitudes et qu'il sache se réserver la part la plus petite. Qu'il soit dévoué pour la noble cause de la Vérité, que tous ses efforts tendent vers la lumière plus pure. Qu'il éclaire bien haut la route de ceux qui ne possèdent que l'ombre; qu'il sente en lui-même et accepte la redoutable mission d'être un lien, un pont, par lesquels viennent se joindre les humanités diverses, militantes, combattantes et par dessus tout souffrantes. Qu'il serve la science dans un but noble et généreux tout en ne négligeant pas l'autre science, celle de l'âme. Qu'il écoute les avis d'en haut et s'appuie fortement aux bras puissants qui bien souvent sont près de lui pour l'aider et lui montrer à parfaire sa tâche. Noble tâche, s'il en fut, pour l'interprète honnête et consciencieux qui met tout son orgueil à servir les cieux ; car c'est servir ses frères d'ici-bas que de servir d'intermédiaire aux sublimes envoyés qui viennent pour aider, soulager, perfectionner nos humanités. Le rôle est noble, mais combien pénible, si souvent rejeté de ci, rejeté de là, persécuté toujours, renié souvent. Un exemple sublime est devant vos yeux, sachez comprendre; pour avancer dans le sentier, il faut marcher deux et ne pas laisser en arrière vos frères en souffrance.

L'ange chargé de vos destinées vous accompagne et vous montre le but où tous vos efforts doivent tendre: la montagne divine où repose la lumière increéée et bénie. Persécutés, honnis, il faudra venir vous retremper là quand vous sentirez vos forces faiblir. La route est semée de pierres et d'épines, mille embûches vous guettent sur le chemin, des traits acérés vous seront lancés par le malin. Relevez vos fronts, qu'importent les piqûres puisque vous savez et connaissez ce mot : Rédemption. Christ vous attend, Il vous montre le but, les bras ouverts pour panser vos blessures. Soyez fermes en croyance et si vous savez sur un roc vous placer, vous sortirez vaillants et couverts de gloire de la lutte. La victoire est dans vos mains, sachez la gagner.

Un Initié, CRUCIS.

La nuit polaire

13 novembre 1928.

L'ombre règne sur les neiges éternelles, la nuit polaire a commencé: les étoiles scintillent plus brillantes au firmament, dans le ciel s'allument des foyers fulgurants. Le Ciel est en émoi quand la terre se tait !

Le manteau immaculé des neiges du pôle s'étend sur une distance incommensurée, à perte de vue rien que du blanc. Un froid terrible règne, il fait craquer la glace. Les habitants de ces contrées, ours blancs, lions des mers à la crinière hérissée font entendre de longs gémissements: la proie se fait rare pour eux et pourtant leurs dents sont aiguisées, prêtes à broyer l'imprudent qui se hasarde près d'eux.

O Dieu tout puissant! Aie pitié de ceux qui restent égarés sur la piste glacée, que ta main les guide vers la tente faite de peaux et de fourrures précieuses. Voyageurs harassés ils sont, désespérant de trouver sur leur route le home, le gîte délicieux.

Un éclair a passé, minuit depuis longtemps a sonné, c'est l'aurore qui se lève, irradiant les cieux: les prismes de toutes les couleurs s'y montrent dans un éclat prodigieux. Tout brille, la neige s'éclaire de lumière et de feux sans précédent en d'autres lieux. L'aurore boréale s'est levée, éclairant d'une lueur fugace et pour un instant seulement de ses feux étincelants, des chutes de ses ors rutilants : perles et rubis s'y marient tout ensemble. L'homme se recueille un instant et reprend sa route en bénissant Dieu qui lui a permis de voir, point isolé et perdu la... Hutte.

FLEUR DES NEIGES *vous salue.*

La science de l'âme mise à la portée de tous

13 novembre 1928.

Par ces temps troublés et de forte lutte, il est nécessaire, sœurs, de vous retremper dans une communion parfaite avec l'Invisible Majesté. La Force immanée vous entoure, vous pénètre; vos cellules en sont imprégnées, car dans le créé tout vit, tout s'agite, rien n'est immobile. Ainsi le veut Celui qui créa la vie. Des élans nombreux sortent à flots tumultueux des foules assemblées, des peuples émus. Pour un instant la terre est abandonnée, les yeux se tournent vers le ciel dans un appel de tout l'être et dans ce cri qui remue la nature entière, je n'entends que ceci: « Où est Dieu? »

Dieu, sœurs, est une Puissance si grande qu'il ne m'est pas possible de pouvoir interpréter le moindre attribut de sa Divinité : Dieu est le feu brûlant qui brille au sommet des sept plans superposés; Il repose sur une coupole d'or pur, pâle reflet de sa royauté et par dessus, couronnant le tout, est l'Innomé, le Non-connu de sa puissance. Toutes les forces attractives, dans un mouvement lent et continu, convergent vers ce but. L'âme, conçue dans le sein même de la Divinité, s'en évade pour acquérir et connaître les principes du bien et du mal. Il lui faut, abeille tenace, fourmi infatigable, travailler sans arrêt pour reconquérir l'héritage. L'esprit évadé *(l'âme si vous voulez)* du sein de Dieu sent naître en elle le désir de plonger vers des inconnus, mondes où elle espère puiser les connaissances qui lui manquent; car née innocente et vierge elle ignore la lutte, pour lutter et travailler avec fruit, il lui faut descendre. Dans une descente lente elle glane en passant de beaux épis; les fleurs sont merveilleuses dans ces contrées bénies, les fruits sont exquis. Mais, dans sa descente, toujours il lui faut abandonner et les fleurs et les fruits. L'heure approche pour elle où il faudra souffrir, lutter, pleurer, gémir. Dans son triple vêtement, l'âme, étouffée dans la carapace qu'elle s'est construite, perd la notion de ce que furent ses autres vies: plans sublimes qu'il lui fallut descendre, trouées dans des flammes étincelantes, tout est annihilé. C'est la nuit !... Mais à l'âme angoissée qui en appelle à Dieu dans sa détresse et dans son oubli, une lueur, un rayon vient lui montrer dans sa désespérance qu'elle n'est pas seule et abandonnée: Dieu se souvient de son enfant. Il a vu ses efforts désespérés pour descendre, Il lui tend la main pour remonter de la fange. Dieu est juste!

Pas à pas se fait l'ascension, la remontée; que de souffrances, que de larmes dont il faut semer la route. Mais qu'importe si chaque souffrance est l'aiguillon qui nous pousse en avant. Vous avez gravi pas à pas divers plans, vous êtes arrivées essoufflées, couvertes de sueur sur un plan plus élevé que les autres; là, vous vous arrêtez pour vous reposer et souffler un instant. La progression n'est pas arrêtée, elle n'est que suspendue un court moment. Bientôt l'heure va sonner où il faudra reprendre la lente ascension: le but n'est pas éloigné, le mont se dresse près d'où s'élance dans les cieux la cîme majestueuse d'un cèdre au tronc prodigieux. Il domine et couvre de son ombre le mont dont il est l'ornement, ses rameaux s'étendent puissants alentour, lumière et joie sont dans ses branches, le repos est au pied. Que de chants merveilleux, que de voix mélodieuses, quels puissants virtuoses s'y font entendre; les trilles s'y succèdent inlassablement: tout caquette, tout bruit en un confus pépiement. C'est la vie qui s'agite des racines aux cîmes; il est l'image vivante de l'humanité montante et descendante (sachez comprendre): ses racines puisent aux abîmes, sa tête altière se perd dans le bleu firmament facilitant ainsi la descente et la remontée plus agile ; ses branches sont les étapes où vient se reposer un instant l'oiseau fatigué qui attend la manne qui lui donnera des forces pour continuer le chemin qui le mène vers le foyer. Nid où il retrouve toutes ses possibilités, car il a acquis, au terme de sa course, le droit de dire: « J'ai dérobé au ciel un rayon qui me rapproche de Dieu. »

L'Apôtre.

Un recueil, une fleur, des pensées. D'autres fleurs vous seront données brillantes et subtiles, d'un parfum pénétrant: les lys. Il vous sera montré, par l'exemple donné, l'image de ces âmes n'ayant plus rien à expier : esprits prodigieux, couverts d'une gloire qu'il leur faut voiler pour être accessibles à vos yeux; car, sachez-le, mes amies, qu'il est des demeures où bien peu d'incarnés puissent pénétrer. Il faut pour cela être doué, posséder un bagage où s'écrit en marge le mot : initié. Il faut, dis-je, posséder une âme accessible aux souffrances d'autrui, un cœur large d'où la haine est bannie. Il faut être vêtu d'hermine: ceux dont les épaules se couvrent de pourpre et d'or en sont *bannis*. Soyez des humbles et que vos mains restent pures, que votre cœur soit large et ouvert à tous. Que la vérité et la parole de Dieu puissent s'y reposer. Soyez, amies, toujours persévérantes. Amies sûres, marchez unies dans le sentier. Bénissez Dieu qui a permis que celles qui s'étaient perdues se retrouvent aujourd'hui : une mère, une fille. Aux vieux temples celtiques vous fûtes conviées, vous épelâtes le vieux sanscrit et la langue des dieux: nées et renées en de multiples vies, le carrefour des routes quelquefois vous réunit.

O Majesté ! O Immensité ! Je t'adore, je te bénis.

X...

Aujourd'hui je vous parlerai des possibilités de l'esprit pour aider vos frères en humanité.

Il y a diverses manières, toutes aussi bonnes les unes que les autres; avant tout, il est nécessaire de posséder un bagage suffisant pour être devant les foules un instrument perfectionné, sinon parfait. Il faut donc vous étendre sur l'étude des divers plans et en apprendre ce qui est la civilisation, le degré de perception mis dans ces plans à la disposition des habitants. Il vous faut étudier les manières différentes de percevoir et de voir sur ces plans. Prenons, si vous le voulez, le plan astral le premier, plan qui dans ses bas-fonds recèle les déchets de votre humanité: une lumière diffuse y pénètre difficilement; ceux qui l'habitent ont revêtu la forme de leurs vices, et souffrent dans leur animalité. Plan d'expiation où se retrouvent bien des mondains ayant sacrifié à Astarté. Cupidon les a touchés de ses traits empoisonnés; d'autres sont assis devant leurs trésors ne pouvant y toucher et combien d'autres figures pourrais-je vous donner. Les vices se revêtent de leur vraie figure; peu à peu, cependant, il est permis aux repentants de sortir de ce lieu, de goûter à un peu de lumière. Telles sont les lignes, aux différences profondes, de l'habitat de ce plan. L'esprit se revêt d'un vêtement approprié et perd peu à peu l'aspect de l'animalité. Un bond est fait et nous voici au milieu: là, l'esprit se trouve conscient de son état, de sa situation et souvent il désire s'améliorer; le repentir vient, la lumière est plus vive, de l'aide lui est donnée sous une figure appropriée qui parfois pour lui est un ami, un parent ou plus simplement un esprit qui se dévoue pour l'aider. Ceux qui viennent à son aide lui montrent la nécessité de se racheter par une vie pleine d'abnégation, de luttes pour le bien, le bon. De même, il lui est donné la possibilité de travailler sur ce plan sans le quitter et cela en venant en aide à ceux qui croupissent dans le bas-plan.

Voilà donc l'esprit arrivé à une limite intéressante pour son avancement, il lui faut la franchir et marcher toujours en avant. Ce travail consiste soit en aidant ses frères en souffrance, soit en continuant de travailler à une œuvre humaine par l'inspiration. Ouvrier invisible, il assiste ceux qui peinent dans cette vie. Les intellectuels, qui pour une cause quelconque ont chu, il leur est donné des possibilités plus grandes: à chacun suivant ses capacités. Le peintre sera l'inspirateur du débutant; l'homme de lettres verra son bagage augmenté par l'apport qui lui est donné. Les artistes de tous genres travaillent inlassablement soit pour aider, soit pour acquérir un bagage plus grand. Il faut souvent puiser à des sources différentes; pour cela, il leur est permis de changer de plan momentanément. Ils façonnent leur vêtement selon le plan où ils doivent pénétrer. Ce plan se résume en habitats dans des planètes différentes (Question 1) quand l'esprit arrive près du mental; de là les découvertes qui parviennent jusqu'à vous et font avancer l'humanité en science, sinon en spiritualité. Ruche formidable qu'est un plan !...

Toujours nous sommes sur le plan astral: ce plan est tout à la fois une condensation et un développement du vôtre. Il arrive que vous ayez à passer des endroits difficiles: il existe des fleuves, des rivières, des monts et des plaines comme sur votre terre. Tout n'est-il pas imagination dans ces lieux? C'est le pays des illusions...

Le mirage souvent fatigue les yeux de ceux qui sont trop enclins à voyager et à fixer le même point: une réduction dans les grandes lignes de l'échelle qui pénètre et vous donne la densité, la pesanteur, l'évaluation à distance de votre planète.

Il faut donc gravir avec la certitude de vaincre les diverses élévations, ou monts, qui seront placés sur la route de l'aspirant en initiation. Un vent violent souffle et dissipe pour les forts les nuages qui obscurcissent le chemin et leur masquent le but à atteindre; ce vent, c'est la force, la volonté de la pensée désireuse, à tout prix, de vaincre et de franchir les obstacles d'une façon heureuse. Le pèlerin de ces lieux sent ses épaules fatiguées souvent sous le poids que tout voyageur emporte avec lui. Ne vous chargez pas de lourdes choses, laissez, mes chères enfants, votre esprit se délivrer de ses attaches, de ses passions, par des efforts multiples. Essayez vos ailes sans relâche; ainsi fait l'oiseau sorti du nid, qui volette peu à peu à une plus grande distance, sans vouloir franchir d'un jet la montagne escarpée. Soyez des étudiantes toujours épelant l'alphabet d'un nouveau livre:

ceci pour vous montrer purement et simplement qu'il faut être nu pour arriver à Dieu.

Une époque de négation et d'aspiration, tout ensemble, est celle du jour. Aidez donc de tous vos dons, de tout le pouvoir qui vous a été donné, ceux qui volontairement ferment les yeux, ceux qui pleins de bonne volonté, mais ignorants, cherchent une main pour les guider. Si Dieu le Père vous a comblées, Il vous demandera compte de la somme qu'il vous a donnée pour la faire fructifier. La lumière vous est donnée pour éclairer ceux qui en sont privés. Souvenez-vous que le Maître a dit: « La lumière ne doit pas être placée sous le boisseau. » Par tous les moyens en votre pouvoir, menez la lutte contre l'ignorance et le doute. Il vous faudra travailler dans un champ où rien, ou presque ne pousse dedans; qu'importe pour celui ou celle qui possède pour toute force sa conscience. A celui-là et à celle-là, il sera donné le supplément. Travaillez donc, mes enfants, pour Dieu, pour les mondes, pour la science.

L'Apôtre.

Question 1. — Cher esprit, les planètes sont donc vraiment habitées?

Réponse. — A quoi, chère amie, serviraient donc les demeures innombrables qui scintillent au firmament.

La lente ascension des âmes de l'Achéron

19 novembre 1928.

Le noir nautonier (Caron) exige la dîme pour le passage. Pluton est là, inflexible, et ne se laissant pas attendrir; Proserpine est là aussi. Ils règnent tous les deux sur le sombre royaume leur empire. C'est la nuit et quand du fleuve maudit on a réussi à franchir les obstacles, une eau plus pure, une mer plus calme permettent au voyageur et à sa barque de se reposer un instant. Ceci est l'aperçu de la descente dans les bas-fonds de l'astral. Orphée put y pénétrer sans danger, pour y retrouver Eurydice; mais il lui avait été défendu de se retourner et de regarder en arrière l'Empyrée où il lui avait été permis d'entrer. Des mystères cachés sont là, des aspects terribles vous sont donnés; il faut un cœur bien trempé pour ignorer la peur et garder le courage. Le châtiment vint pour Orphée: celle qu'il avait ravie au sombre empire, de nouveau lui fut enlevée. Punition de sa désobéissance, il ne devait pas enfreindre l'ordre donné, étant passé maître en connaissances; la curiosité fut la plus forte: un serment ne doit pas être violé.

PINDARE a parlé.

La Grèce fut le premier lieu de la terre des dieux: des beautés sans limite y éclatèrent, l'inspiration, le génie furent poussés au divin. Phidias ne créa-t-il pas des chefs-d'œuvre inégalés ? Ses poètes, ses artistes, ses penseurs font encore aujourd'hui l'admiration des jeunes générations. L'écolier n'essaie-t-il pas de comprendre et d'apprendre cette langue ? Pour goûter le fruit, il faut commencer par les racines, de là dérive bon nombre de vos connaissances. Nous essaierons donc, chères amies, sur un mode nouveau d'accorder notre lyre et de chanter à l'unisson Minerve et l'Attique, les unissant l'une et l'autre dans un même amour. Minerve était la gardienne de ces lieux ,la Grèce fut ma patrie.

PINDARE.

1re *Question.* — Que fut Krichna par rapport au Christ ?

Réponse. — Un être doué dont l'initiation et l'éducation ont été poussées à fond. Il a été placé dans ce but et mis sur les planches par des personnes espérant beaucoup de lui.

2e *Question.* — Le Christ est-il une réincarnation de Krichna comme beaucoup le prétendent ?

Réponse. — Christ pour l'Occident, pour les Gentils surtout; mais sa doctrine, par une prescience divine, fut prêchée sur la terre entière. Elle convient à tous les peuples, mais l'Asiatique sensuel et cruel à ses heures, n'était pas mûr pour cette doctrine faite d'amour, de bonté et de fraternité.

Le règne du Christ ne fait que commencer: les grands Initiés, les grands Sages de l'Inde, sans oublier Rama, furent avant tout des initiateurs, des précurseurs. Ainsi chaque vague d'évolution ou de vie a besoin d'un éducateur approprié pour la conduire. Le dernier venu est Christ, le Verbe de Dieu, l'Agneau sans tache, les Prémices des élus. Qui fut chargé, mission sublime! de conduire à Dieu le Père, par l'amour, tous ses fils.

X...

Le plan mental

23 novembre 1928.

Aujourd'hui, il nous faudra vous parler, mes enfants, du plan mental et nous reviendrons à d'autres plans s'il le faut.

Le mental, comme vous le savez, est le siège de la pensée; de cette matière grise émanent des possibilités acquises dans d'autres vies. C'est le champ merveilleux amendé et bonifié par l'humus et la culture. La terre en est meuble, légère, selon l'individu. Pour celui qui a remué, bêché, sarclé sans arrêt son champ, l'étendue de son rayonnement est plus grand; il se colore, ce champ d'action, de vives couleurs empruntées aux prismes les plus éclatants: le bleu, le mauve, le jaune s'y allient de façons différentes, en entourant l'ego d'un rayonnement de plus en plus grand, selon qu'il a plus ou moins acquis, plus ou moins cultivé ce champ dans d'autres vies. C'est la résultante du passé alliée aux possibilités présentes. Il faut donc comprendre, mes enfants, la nécessité pour vous de travailler sans arrêt, sans relâche aussi, pour atteindre le but qui vous est assigné d'avance; car, sachez-le, l'évolution ne se fait pas par bonds et l'on avance lentement sur le sentier, même les mieux doués. Ayez donc du courage, de la persévérance et quand l'oiseau sombre vient vous hanter, écartez-le d'une main ferme, ne laissez pas pénétrer jusqu'à vous le doute et la désespérance. Travaillez donc dans ce but par des efforts multiples, soit en étudiant la nature, soit en essayant d'en pénétrer les secrets par des efforts constants. Soyez attentives à la voix du moi intime qui chuchote en vous inlassablement. Du silence, de la méditation, de préférence au moment où les bruits s'apaisent, où l'on entend mieux parler sa conscience. Interrogez

Celui qui est en vous. Il saura, Lui, résoudre, si vous êtes attentives et sérieuses, les problèmes les plus difficiles.

Le mental, dis-je, est un sommet déjà élevé dans l'évolution de l'être qui est conscient de ses responsabilités. Il s'enrichit de mille façons par le travail lent et persévérant des vies vécues sur votre sphère et sur d'autres, des découvertes de la science en suspens et qu'une main avide doit s'empresser de saisir. Tel celui qui herborise est à la recherche de la plante rare, de la fleur au parfum subtil. Il enrichit son herbier de plantes, de fleurs, d'herbes récoltées sur la route: aucune ne lui est indifférente. Il sait découvrir l'infime, la moins bien dotée en aspect et en proportion, avec la même ferveur il la cueille, la fixe, en connaît les propriétés bien souvent pour se souvenir, le cas échéant, de son utilité relative. De même, mes enfants, dans votre lente ascension vous ornez votre mental de richesses, d'or pur pour les uns, de perles irisées pour les autres. La souffrance est l'aiguillon qui oriente vos recherches, fixe vos aptitudes vers l'ultime, vers le prévu. Tel un immense jardin orné de fleurs et de fruits, le mental cultivé s'offre aux yeux charmés plein de fruits savoureux, de plantes et de fleurs, qui par la finesse de leurs émanations vous pénètrent de sensations délicieuses. Jardin inépuisable celui-là, tant y est accumulé l'utile mêlé à l'agréable.

Travaillez donc ainsi votre mental, ornez-le par des lectures appropriées, des connaissances qui vous échappent. Ensemencez-le du froment le plus pur; que la vigne offre au voyageur altéré les grappes les plus riches en saveur. Arrachez, sans pitié, les plantes vénéneuses qui peuvent s'y trouver. Ornez, coupez vos arbres avec science et art pour produire la plus belle récolte, des fruits en abondance. Ce travail fait, mes enfants, dans la mesure des possibilités placées sous votre main, vous aurez mérité d'en franchir le seuil pour pénétrer dans des régions plus avancées où se perd l'aspect de votre terre, où d'autres demeures sont édifiées immatérielles et de peu de durée, mais sans cesse renouvelées. L'esprit, là, s'est déjà dépouillé d'une partie de cette matière qui l'alourdit et empêche son ascension vers les cimes escarpées.

Le mental, mes amies, est un champ précieux où il faut intelligemment tracer des carrés, pour y disposer d'un œil artiste les couleurs les plus vives, les assemblages qui, de prime abord, semblent disparates. C'est un champ émaillé de fleurs aux tonalités des plus vives aux plus effacées: la violette s'y cache, le muguet s'y blottit, la pervenche s'y niche dans des touffes embroussaillées, la rose s'y dresse altière, la pourpre s'allie aux plus blanches par des tons dégradés, l'œillet s'y reconnaît à son parfum poivré, les lilas parent d'une façon agréable, en buissons odorants, le jardin merveilleux. Que de fleurs encore, qu'il serait trop long de décrire; que de fruits savoureux il nous faudrait cueillir. Restons-en là, mes enfants; je l'espère, vous avez compris.

UN INITIÉ.

Les prémices d'une communication inédite donnée par un ami, mais puisée aux bonnes sources et non revêtue d'habits factices. O Seigneur! O Père! C'est de Toi qu'est partie la Vérité. Je me suis haussé jusqu'à Toi, jusqu'aux limites permises, pour cueillir quelques fleurs pour mes enfants, pour mes filles. Et l'Immuable, l'Immaculé m'ayant ouvert ses trésors m'a dit: « Puise. »

O Père! O Christ! Merci.

JEAN.

De la Vérité

23 novembre 1928.

Comme toujours, sous une forme concrète, j'essaierai de vous montrer, enfants, comment vous devez voir, comprendre la Vérité.

La Vérité, jaillie du divin foyer, porte en elle le sceau de ses origines. On la représente nue, sans voile, pour vous montrer que Dieu l'a placée au sein de tout dans les entrailles de la terre. Si vous savez y lire vous reconnaîtrez la main qui y a tout placé. De l'ascension des pics, dont la cîme se perd dans le bleu firmament, descendez au plus profond des précipices; sachez frapper de tous côtés, sachez lire l'indéchiffrable leçon. Pour celui qui sait et qui comprend les caractères s'y montrent sous des aspects suggestifs. Écoutez, sachez interroger et le ciel et la terre, que votre paupière s'ouvre toute grande: vous verrez, fugitive, légère, impondérable, apparaître cette sublime figure, la Vérité. Tendez l'oreille, ne vous laissez pas détourner par rien du dehors, sachez comprendre: une voix lointaine, mystérieuse vous parle doucement, vous montre la route, éclaire votre chemin. De nouveau s'est manifestée à vous la Vérité. Quand sur le bord de la route, harassées, lasses et fatiguées, vous vous sentez tentées d'abandonner l'ascension ; tout est morne, autour de vous le désert s'est élargi, pas d'amis, aucun parent, vos yeux se sont fanés, las. Vous regardez la terre et vous vous dites: « Il ferait bon se reposer là-dedans.» Eh bien! non. Pèlerin des vies, vagabond des routes, il te faut reprendre la marche suspendue un instant. Lève tes yeux emplis de larmes vers le ciel qui, à tes regards, à tes sens, se pare de figures attrayantes, de coloris merveilleux; lève tes yeux plus haut encore, te dis-je, vers la source pure, vers le foyer étincelant; ton ardent appel sera entendu: une douceur pénétrante viendra rafraîchir ton âme. L'oasis, la halte promise sera rendue perceptible, une mélodie, un doux murmure, ton âme rassérénée, ton esprit plus fort: la Vérité a passé.

Ceci dédié, à vous mes filles, aux amis connus et inconnus, aux affligés, aux désespérés.

La Vérité plane toujours au-dessus de vous, faites un effort, elle descendra jusqu'à vous.

X...

Des possibilités d'un médium : Réminiscences du passé, les vies antérieures

29 novembre 1928.

Mes chères filles, je suis venu pour vous expliquer et vous faire toucher du doigt, dans la mesure du possible, les facultés qui permettent à certains êtres d'aller en avant et de retourner en arrière. Voici, en un mot, les vies de chacun et les destinées futures: beaucoup d'appelés, mais peu d'élus dans ce genre. Certains le font comme en se jouant, d'autres ne possèdent rien de ce côté, le bandeau pour eux est complet. Mais soyez assurées d'une chose, c'est que la personnalité en jeu, se meut dans un milieu où les portes ne sont pas closes et où les fenêtres sont toutes grandes ouvertes. Point d'obstacle pour celui qui est placé dans de telles conditions: le livre de vie est ouvert devant lui (ou elle) à son gré, il lit là où il lui plaît et où le guident ses affinités. Il faut avoir dépassé un certain degré, laissé les bas-fonds où grouille la misère (astrale s'entend) pour ne pas être attiré de ce côté. Il faut, en un mot, avoir des rudiments d'ailes; alors pour lui s'ouvre un champ vaste, l'horizon s'élargit d'une façon grandiose. Placé en suspens sur une certaine limite, il plane entre les deux plans: plan terrestre et plan divin tout ensemble. Il lui faut un équilibre parfait, sans quoi le vertige le prendrait; planant entre deux immensités la force d'attraction le ferait choir, s'il ne s'appuyait d'une façon énergique et sûre tout à la fois, à la corde d'argent. Comprenez par cette figure l'appel par la prière, une foi ardente et sûre pour celui qui a entrevu le but. Le voilà donc l'initié, placé d'une façon spéciale et en dehors des forces attractives du monde: il se meut, il se dirige avec la boussole de l'intuition, sa musique est l'inspiration; elle se fait entendre quelquefois d'une voix grave alternant avec les sons harmonieux d'une harpe, ce sont les basses qui chantent. Les violons se font entendre, les violoncelles pleurent, les sistres mêlent leurs accords à ceux des harpes. Bien d'autres instruments se font entendre dont la nomenclature serait trop longue. En flots pressés descendent les flonsflons de l'inspiration: tantôt doux, tantôt profonds, éclatants souvent et, quand il le faut, la voix prend des accents qui se reconnaissent à la gamme des sons. La voix pleure, gémit et se lamente, elle reproche aux vivants leurs oublis, leur ingratitude, leurs turpitudes aussi et crescendo la voix finit tantôt forte, tantôt douce en un long murmure. C'est le rappel des souvenirs et des morts aussi, de ceux qui se sont envolés vers la grande patrie. Les oubliés, les vaincus de la vie, ils sont tous là mêlant leurs voix attendries ou rudes. C'est la voix de l'inspiration qui parle et ressuscite, à vos yeux, ceux qui sont partis.

Pour ceux, dis-je, qui possèdent ces dons les portes sont ouvertes et les fenêtres ne sont point fermées. Ils étudient le livre où la vie de chacun est fixée en caractères indélébiles. Ils revoient les efforts multiples de l'étincelle divine, ses luttes, ses pérégrinations infinies; ils revoient par l'image ce que furent ses vies, ils retrouvent, tel un limier sagace, les jalons laissés sur la route. Avec plus ou moins d'insistance ils dépeignent avec complaisance ce que le guide permet de dire ; cela est quelquefois utile, car les vies successives sont une suite ininterrompue de chutes et d'élans.

Le pèlerin, las quelquefois, se laisse choir sur la route, découragé; ne voyant plus le but, il s'arrête: lui cependant, qui est immortel comme Dieu, puisqu'il est partie intégrante de la divinité ! Ses luttes et ses combats ne sont qu'une forme voilée pour se rapprocher du nid qu'il a abandonné. Par ses efforts et par ses luttes incessantes, il ajoute toujours à son bagage existant. Sur le chemin du disciple bien des difficultés, bien des embûches, bien des périls surgissent, dont il doit éviter la chute ; car si, découragé, étouffant en lui la lumière tremblante qui y luit de nouveau, vers la terre il se sent attiré, la matière lui sourit, tout lui paraît délices eu égard au désert où il se trouve placé. La solitude morne qui l'environne pèse sur lui, pour cet esprit c'est le néant, il veut y échapper et vers la terre de nouveau il se dirige. C'est le recommencement d'une autre vie ; mais, sachez-le, rien n'est inutile pour celui qui a chuté. Il se sent pénétré de plus d'assurance et de fermeté, il reprendra la route d'un pas plus assuré; des indices lui seront donnés pendant le sommeil par ses frères invisibles. Réconforté, consolé, les frères célestes lui montrent le ciel et lui murmurent le nom de Dieu; essuyant ses larmes, souriant au divin Envoyé le pèlerin dit: « Merci, ami, je reprends ma route, je me souviendrai de vous pendant le long ruban qu'il me reste à parcourir et si mon cœur défaille je penserai à Christ: son image me sourit, ses mains vers moi se tendent, quelle bonté dans son regard et comme il est doux le joug du Crucifié. » De nouveau ce sera une âme sauvée ; les chutes seront plus rares, les jalons plus pressés sur la route ne lui permettent plus de s'écarter; pour lui le voile se sera soulevé, le but lointain lui est apparu. Il comprend enfin le but des renaissances et des vies successives, de l'esprit dans la matière et dans d'autres lieux pour acquérir le summum de ce qu'il faut avoir gagné pour pouvoir pénétrer dans les célestes parvis et venir de nouveau se réchauffer au foyer.

Travaille donc, ma fille, sans défaillance: bien des fois pour toi déjà, le voile des renaissances s'est écarté. Remercie Dieu de l'avoir permis et quand ton âme se ploiera sous le poids de la douleur, souviens-toi, fais silence en toi, écoute les voix mélodieuses qui viennent à toi. Que de fleurs, que de branches d'olivier, le tout entremêlé. Ecoute, te dis-je, l'inspiration vient à toi, sache l'écouter, les mélodies sont divines, les amours de la terre y sont chantées, tu les as toutes possédées ou à peu près. Fais effort pour les décrire, tu revivras de doux instants en écoutant la voix du dedans, elle te rappellera des souvenirs charmants, des douleurs amères quelquefois. Sous le voile d'or qui les couvre tu reconnaîtras bien des voix qui se sont tues, non pour jamais.

PINDARE a parlé.

Des mondes où l'esprit, s'étant dépouillé presque entièrement de la matière, arrive à la perfection

6 décembre 1928.

Pour ce faire, mes sœurs, il a fallu bien des pérégrinations, bien des luttes, bien des chutes ; mais toujours au sommet du mont brille le Calvaire, lumière éblouissante qui guide le pèlerin parmi les ronces et les aspérités du chemin. Il a fallu pour en arriver là bien des renaissances, surtout des renaissances dans la pauvreté et le renoncement. Dans ces milieux, sœurs, l'esprit apprend à souffrir, à endurer mille labeurs, à se courber toujours. Il lui faut perdre de sa superbe, redescendre, fouiller quelquefois aux bas-fonds pour soulager ses frères, habiter tour à tour des palais, être esclave et maître. Il a fallu, dis-je, goûter aux coupes multiples placées devant lui, les vider toutes jusqu'à la lie. L'amertume est au bord souvent, le nectar est au fond et tel qui se croit incapable de pouvoir continuer la lutte, dans un dernier ressaut de volonté et de courage, n'hésite pas à vider la coupe d'amertume.

Le voilà donc délivré d'une vie laborieuse et souvent utile à son évolution: une vie a passé! Dans le plan où il est, il se voit avec ses possibilités, la notion lui revient de ce qu'il fut, de ce qu'il a été, il pèse dans une balance, sans tare, le compte du doit et avoir. Il se voit tel qu'il est, arrivé déjà à un certain degré, il compte les taches qui le souillent; avec amertume il reconnaît qu'il n'est pas délivré et cependant il a monté... Levant les yeux plus haut, il mesure le saut qu'il s'essaie à faire : la lutte n'est pas pour l'effrayer, il tend la main et demande une mission à accomplir : des frères à guider, sachant d'avance que par ce moyen il lui sera beaucoup donné. Il mesure la distance et se dit: ma force est assez grande.

Mes sœurs, la terre n'est pas toujours le but du saut: quelquefois il cherche à agrandir son domaine. L'abeille ne veut-elle pas cueillir des fleurs dans le champ du voisin? Permission lui est donnée. L'esprit suffisamment lesté, s'envole pour de longues randonnées: d'autres terres inexplorées, une flore inconnue, des oiseaux merveilleux, tout est un enchantement dans ce domaine. Le séjour lui paraît délicieux: que de fleurs, que de fruits à portée de sa main. Une mousse épaisse se presse sous son pied; mais là se cache souvent le serpent biblique, le tentateur, en un mot le maudit: celui qui chut au plus profond des abîmes et dont le souffle empoisonné trouble encore les vivants.

Si le pèlerin n'est prudent, si son pied ne foule de droite à gauche, à chaque instant, le vert chemin, il tombera dans le piège qui lui est tendu. Il se verra obligé de redescendre lui qui croyait avoir des ailes; tout espoir n'est pas perdu cependant, l'ange tutélaire est là qui protège l'imprudent; il couvre sa poitrine pour parer les coups, un léger recul et de nouveau il s'élance. La leçon servira pour d'autres vies. Et nous voilà arrivés au séjour où se discutent les sciences: sciences de l'âme et de l'esprit qu'il faut connaître à tout prix pour pouvoir pénétrer plus haut. Il faut parler dans ce lieu un nouveau langage, il faut connaître l'obéissance et se reconnaître fils de Dieu.

A perte de vue s'étend devant l'esprit le

champ infini des âmes ; perdu dans cette immensité, il s'écrie : « Où est Dieu ? » Le doute l'aurait-il effleuré, même si haut monté ? Non, mais nouveau venu il ne reconnaît plus le pays où il pose le pied: les sensations ont perdu là leur acuité. L'esprit s'est épuré, le corps charnel a disparu, plus de lutte pour celui-là; un autre corps plus subtil lui est donné, éthéré, de lumière fait. Ravi, il écoute les harmonies, mélodies divines. C'est, mes chères sœurs, qu'il approche du plan divin où règne Christ. De la terre et des autres mondes ne lui parviennent plus que des sons: la parole humaine s'est évanouie, la pensée seule règne, est maîtresse de ce séjour du bonheur. Le corps éthéré en est imprégné: il sent, il se réjouit en Dieu. Il se penche ravi sur le grand livre où tout s'écrit et de nouveau épelle l'alphabet de la science de la vie, vie qui fait bruire et se mouvoir à l'infini les poussières des mondes disparus et celles des mondes à venir. L'esprit ravi perçoit la nature et la vie entière, il la sait de même composition; c'est le même architecte qui a fondé l'édifice et qui de ses mains l'a construit. Tout y est de qualité parfaite, les matériaux sont de choix. Écoutez chanter tous ceux qui ne pleurent plus, ceux qui sont arrivés au degré ultime où la souffrance est abolie et où on communie avec Dieu.

Voici l'esprit parvenu au sommet de ce mont, figure qui vous est donnée pour vous montrer que tous, nous devons suivre la même route, quelquefois par des chemins différents. Là, les tables du festin se dressent pour récompenser les combattants ayant touché le but. Tout y est à profusion: les fleurs s'y marient par leurs couleurs éclatantes aux fruits de mille formes et aux saveurs pénétrantes. La cervoise coule à plein bord, tout y est joie pour fêter l'arrivant. Les hautbois chantent accompagnés d'autres instruments, tout charme et les yeux et les oreilles. Plus n'est besoin de mets épicés et de venaison ; en ces lieux fortunés, les fruits seuls sont de saison. La source pure est là, où chacun vient se désaltérer. C'est le plan des béatitudes infinies, c'est le pays des élus. Qu'il fait bon y vivre et ceux qui sont parvenus là, couronnés de fleurs, heureux, sondent d'un œil perçant la grande misère des mondes inférieurs. Dans un élan d'amour et de gratitude infinie à Dieu, ils s'écrient: « Je veux redescendre soulager mes frères, les aider, les relever s'ils sont tombés. Seigneur ! Que faut-il faire ? Père, dis à ton enfant. » Et vers le point désigné, il s'élance pour accomplir les ordres du grand Innomé, de la Sagesse Infinie, qui à eux s'est fait comprendre. Tels d'ardents messagers pour porter au loin, plus vite la Rédemption, des ailes leur sont données.

Qu'ils sont beaux les envoyés, de mille couleurs ils sont drapés, toutes plus chatoyantes les unes que les autres; de pure lumière ils sont faits. Qu'ils sont beaux les anges !... D'une aile rapide ils touchent le séjour où ils doivent redescendre; les voici de nouveau exilés, tristes et souffrants, puisque la lumière irradiante leur est voilée. Ils viennent humbles, bien souvent, ceux qui ont atteint au summum: précurseurs, médiateurs ils sont. On les reconnaît toujours à leur céleste mission. Au moment critique de leur dur pèlerinage, ils retrouvent en eux les forces latentes et savent répondre, s'il le faut, en maîtres, en érudits, en savants. Telle fut Jehanne d'Arc, pure lumière de votre France. Céleste figure dont rien n'est resté : ses cendres ont fécondé l'eau de ce long serpent que vous appelez la Seine.

O Jehanne! que ta mission fut belle! La poussière du vieux sol a tressailli à ton aspect; Celtes et Gaulois ont dit: « Présents! » quand sonna l'heure de la grande guerre et tu fus encore dans ce combat de géants, la conductrice, l'inspiratrice souvent. Ton noble génie épargna à la France l'esclavage, la dure servitude de l'ennemi. Si tu avais été vaincue, O France! au char du Teuton ta gloire était destinée, eut été enchaînée; mais tes protecteurs invisibles veillaient, il ne fallait pas que France mourut. Sa main fatiguée a pu laisser choir, un instant, le flambeau, mais se ressaisissant puissante à nouveau, d'une main forte, elle brandit le phare et montre la route.

Gloire à toi, O Jehanne ! à ton génie, au celtisme ressuscité.

UN INITIÉ.

La joie de l'âme, la joie du devoir accompli

L'esprit torturé d'appréhensions et de directives diverses ne sait où poser ses pieds, où reposer sa tête: il implore l'assistance de ceux de la terre et ignore souvent, le Père. Mais quand, après des assauts répétés et suivis, l'esprit rasséréné a compris son devoir, là, il se fait un travail en lui: s'il ne croit pas, il sent venir la lumière; s'il sait, il en est inondé et répond à la voix intérieure par ce mot: merci.

Le chemin du devoir est hérissé d'obstacles, bien des épines souvent sont là qui vous blessent. Beaucoup hésitent à s'y engager, ils craignent le fardeau dont leurs épaules pourraient se charger. Quelle erreur est la vôtre, amie, les difficultés, les peines, les larmes que vous a arrachées le devoir accompli, vous donneront la paix, vous rendront meilleure que vous êtes. Beaucoup de clarté vous sera donnée; car, sachez-le, il vous est défendu comme à nous de juger votre prochain et le nôtre. L'Immanente Justice seule a le droit de trancher; dans sa balance se pèsent toutes les responsabilités. N'hésitez pas vous qui m'écoutez, invisibles et visibles amis, courez vers ce chemin qui vous paraît abrupt, impossible à franchir. La route deviendra plane, vos scrupules diminueront. Pourquoi donc tant se tourmenter quand tout n'est que cendre. Il faut savoir se détacher des biens de ce monde et tendre une main avide et tremblante vers un trésor inestimable et sans fond; ce trésor est à vos pieds, puisez-y largement: la spiritualité. Il ne vous apportera ni mécompte, ni douleur vive, non, rien de tout cela; mais les joies vives du renoncement.

Le devoir, mes amies, est difficile à concilier quand il s'agit de mettre en paix sa conscience et ses intérêts. Sachez sacrifier les uns pour avoir la paix de l'autre.

Quand Dieu vous appellera et que vous vous présenterez au tribunal du jugement, ayez les mains nettes et blanches. Il faut être sans tare pour passer, ni être trop chargée; si vous êtes lourde, sachez vous alléger. Ne faut-il pas avoir des ailes pour aller vers Dieu ?...

UN INITIÉ.

L'hiver

12 décembre 1928.

Tout dort, la nature entière sommeille : tout se cache, les oiseaux mêmes, se taisent. La sève un instant s'est arrêtée, elle se repose, elle attend la poussée; tout se prépare pour le réveil. La nature entière se revêt d'un blanc linceul : la neige. Elle abrite la terre nourricière et la réchauffe de son manteau; et au premier rayon de soleil, Noël passé, voilà que la sève s'agite, se prépare; la nature entière se meut, voilà la vie qui renaît. D'une lente poussée la sève remonte dans le tronc des arbres, jusqu'au bout des brindilles les plus ténues. Le blé lui-même ne reste pas en arrière, un germe frêle est né qui percera la terre et deviendra tout vert: signe des moissons de l'été.

Noël s'approche, l'arrêt de la nature est près de finir et sous le signe millénaire, Jésus est né !... Comme la sève, il est venu apporter les promesses du printemps et de l'été; comme elle Il s'est arrêté à l'approche de l'hiver et dans toute sa force s'est sacrifié. Il a donné aux initiés une leçon et l'exemple, tout à la fois prêchant par l'exemple et la parole, se donnant pour l'humanité.

O vous qui m'écoutez, méditez sur cette approche grandiose qui célèbre tout ensemble: le fils de l'homme et le fils de Dieu. Méditez, dis-je, le grand mystère du Verbe venu apporter à la terre la branche d'olivier. Et quand vous faiblirez, quand accablées par les années vous sentirez votre sang se glacer, votre esprit, toujours jeune est là prêt à s'envoler vers le trône de Dieu pour le supplier de vous donner la force, la patience, le courage pour affronter la malice des uns, les vilenies des autres. Souvenez-vous qu'Il fut honni avant vous, méprisé de tous Lui qui savait. Il pria le Père d'éloigner la coupe, la trouvant trop amère, pour vous montrer que dans la vie il est des instants où l'esprit se voile et ne reçoit plus la lumière suffisante pour discerner ce qu'il doit faire. L'appel fait sera entendu, il vous viendra toujours l'aide, le conseil demandé au moment voulu. Que la paix soit en vous au nom du Bien-Aimé. Tenez en réserve beaucoup de branches d'olivier; donnez-les sans compter: le Verbe saura, Lui, les compter et Il vous rendra au centuple tout ce que vous aurez donné. Noël approche, le grand jour bientôt aura lui et comme toujours des grâces seront données à ceux qui se seront unis à la phalange céleste pour prier et pour chanter les louanges de Christ, le Bien-Aimé. Que de fleurs sur eux, que de rameaux verts placés en leur dextre! Souvenez-vous, sœurs, et préparez-vous; demandez beaucoup pour vos frères, pour vos amis, pour vos ennemis même; n'oubliez pas ceux qui sont partis. La moisson qui vous sera donnée sera lourde et chargée de parfums délicieux, de senteurs enivrantes. L'amour et la paix vous seront donnés, sœurs, qui m'écoutez. Que le Maître des cieux vous entende, vous récompense pour tout le bien que vous avez fait. Qu'Il oublie les chutes, les écarts de la route et qu'Il pardonne, en un mot, le mal pour le bien fait.

CRUCIS a parlé.

Des plans supérieurs

12 décembre 1928.

L'esprit avancé dans son évolution, ayant des acquis suffisants pour poursuivre la route vers les plans divins, d'un élan plein d'amour, revoyant devant lui ce qu'il a déjà parcouru et fait, les champs immenses qu'il a labourés, se recueille un instant, adore et bénit Dieu d'avoir permis à l'esprit innocent de conquérir pas à pas, en luttant, la part d'héritage qui lui est réservée. Le voilà, ivre d'amour et d'espace, délivré des entraves qui le liaient à la basse humanité. Un appel ardent, tel un météore, il traverse l'espace et le voilà aux portes du temple, qui ne s'ouvrent qu'à ceux qui ont payé. Des anges armés d'épées flamboyantes en gardent l'entrée et le Christ Lui-même est là pour les accueillir. Ne doit-il pas compte au Père des brebis qui lui ont été confiées? L'esprit ébloui, transfiguré, reconnaît sans l'avoir vu le séjour où il est né. Se prosternant, il adore le Dieu inconnu, la grande Figure qui se voile et que personne n'a jamais aperçue. Il sent sa présence par le bonheur dont il est inondé, il tressaille au moindre bruit se disant: C'est Lui! L'amour divin l'a pénétré, son esprit est embrasé d'amour, il est lui-même consumé.

Des figures, des périphrases. Qui pourrait expliquer le bonheur des élus! Dans ces habitacles divins, où la gloire de Dieu rayonne, tous les sens sont pénétrés: ce n'est que vibrations.

L'esprit s'est allégé, éthéré plutôt, il ne voit pas, il sent: tout est léger pour lui, tout est doux, facile, puisqu'il n'a qu'à vouloir pour avoir ce qu'il désire. Des pouvoirs sublimes lui sont donnés: aux mystères des cieux il communie bercé par les divines harmonies. Le grand livre des vies est là, tout ouvert devant lui. Il scrute le passé, voit l'avenir; sa conscience est si grande qu'il entend les soupirs de ceux qui l'appellent près d'eux. Un rayon a jailli de cet être immatériel et divin, il a traversé les terres et les sphères pour aller donner la manne céleste à l'esprit qui l'a appelé. Ne craignez donc point de faire appel vers ces êtres qui peuvent beaucoup pour vous et pour votre humanité. Ils sont les intermédiaires placés sur la route pour vous conduire et vous guider comme des frères aimés. Recourez à eux plus souvent, tendez vers eux une main suppliante, se penchant vers vous ils sont prêts à porter vos requêtes vers Dieu. Le bonheur de ces esprits arrivés à l'apogée est immense, de longue durée. Cependant de temps à autre, il est fait un appel aux serviteurs de Dieu: une sphère, une planète a besoin d'eux; et les voilà, ceux dont le bonheur est si grand, puisque mérité, qui écoutent l'appel: leur cœur est inondé de compassion et d'amour pour les humains qui ont besoin d'eux.

Vers le trône de la Divine Sagesse, ils élèvent leurs mains suppliantes, demandent à redescendre pour aider leurs frères souffrants.

Aimez-les ces pionniers qui travaillent sans

relâche, même en se sacrifiant pour le bien des humanités, ils peuvent beaucoup, lorsqu'ils sont nés. Leur divinité se voile d'un vêtement si léger que même les yeux les moins avertis peuvent les reconnaître, les vénérer pendant qu'ils cheminent parmi vous: le curé d'Ars si pauvre, Thérèse de Lisieux, sa compagne en spiritualité, furent de ceux-là. Regardez ce saint prêtre pauvre et dénué de tout, à l'âme naïve d'un enfant, rien ne lui échappe: son esprit sait même fouiller les consciences. Il oublie le ciel pour ne voir que la terre: prêchant, donnant tout ce qu'il possède. C'est l'image, en un mot, du vrai disciple se dépouillant s'il le faut, mourant pour les autres. Point de faits extraordinaires dans sa vie : humble il est venu, humble il est parti. Appelez-le souvent cet ami plein d'amour et de compassion, il est resté non loin de vous. A genoux et priant sans cesse, ne craignant pas de fatiguer le ciel par ses invocations, il demande sans cesse: ses mains sont toujours pleines, mais se vident aussitôt. Il reçoit beaucoup mais donne de même. Pensez à lui souvent vous qui travaillez pour les âmes, l'humble curé d'Ars est aux écoutes: il attend que vous appeliez au secours pour voler vers vous.

Thérèse de Lisieux, violette des Carmes, toi qui fus si modeste, pourquoi tout ce bruit?

Toi qui abritas ta modestie et voulus être ignorée de tous sous l'humble bure, pourquoi a-t-on dévoilé ta vie, pourquoi plus rien de toi n'est-il caché? Il fallait, sans doute, que des âmes telles que toi fussent offertes en holocaustes pour ramener les âmes à Dieu. Les voies de Dieu sont impénétrables ! La plus modeste fleur des champs devient un beau lys à l'odeur pénétrante.

Celui qui invoque Dieu d'un cœur faible tant il est éloigné de Lui, n'en comprenant pas la grandeur, sait trouver des accents quand il implore Thérèse pour un enfant, pour un époux, pour une mère chérie, pour un père bien-aimé, Thérèse est près de lui, il la touche du doigt. Plutôt ne la voit-il pas en effigie telle qu'elle était il y a peu d'années?

Le bel ange s'est envolé, mais lui aussi est resté comme une sentinelle aux écoutes, faisant son bonheur céleste de guérir les plaies, de sécher les larmes: plaies du corps et de l'âme. N'oubliez pas Thérèse l'humble carmélite.

L'Apôtre.

26 décembre 1928.

C'est une personnalité inconnue de vous qui vient vous parler.

Les forces combinées de la nature sont

souvent en jeu dans certains phénomènes psychiques. Il n'est pas assez tenu compte de cela en séances et dans les groupes. Les manifestations de la nature, quelles qu'elles soient, sont généralement un signe de déséquilibre et de changement dans les courants astraux et cosmiques. Rien de ce que vos yeux aperçoivent, comme ce qui vous échappe de la partie invisible de l'univers, n'est immuable ni sans changement; sans quoi l'évolution, telle qu'elle se conçoit, serait un leurre et ce n'est pas.

Votre planète est dans un mouvement évolutif et ardent, elle vibre d'une façon moins matérielle et les effluves qui s'échappent de tous ces cerveaux en ébullition, cherchant une issue pour pénétrer dans les autres mondes, sont comme un levier qui assénerait, sans relâche et à coups redoublés, des coups précipités pour pénétrer la masse de ce qui lui est opposé (le levier qui est pour moi une façon d'essayer de vous montrer la force employée par le faisceau formidable des aspirations en ce moment). Ce levier, dis-je, déplace des forces, entraîne des vibrations toujours plus accentuées et plus pénétrantes. C'est-à-dire que ce mouvement de rotation va, de plus en plus, vers des régions inaccessibles il y a peu de temps aux vibrations terrestres. Maintenant, il en est tout autrement: les groupes se faisant plus nombreux, des instructions de plus en plus claires s'y font jour; et, celui qui ne croyait pas, ou était un tiède, change de route. Il se sent attiré vers les centres religieux et autres. De ces foules groupées en grand nombre s'échappent en nombreuses vibrations les pensées qui, comme les aspholèdes, cherchent la lumière et tentent de s'en rapprocher. Les paroles d'un grand prédicateur sont vraies : « L'inquiétude est la loi de votre monde désemparé. » Il cherche la vérité, tout ce qui à ses yeux se revêt d'un peu de lumière l'attire, le fascine, le retient un moment; désillusionné souvent, il rejette ce qui l'avait charmé l'instant avant. Et toujours s'accentue la montée vers des régions autres, vers des sensations nouvelles; il cherche où s'appuyer: la foi est là pour le guider.

Si vous possédez, amies, une parcelle de ce joyau inestimable, la foi, ne la laissez pas échapper, gardez-la précieusement pour la retrouver aux jours du découragement, de la lassitude, du désarroi de tout votre être pensant. Un instant arrêtées sur la route, vous souvenant, éclairées par le peu que vous possédez, vous vous élancerez de nouveau vers les hautes altitudes, vers les cîmes où le doute n'est plus. Soyez donc deux fois des patientes, des courageuses, des ardentes : ne laissez jamais éteindre la flamme, si petite soit-elle, de votre foi.

La foi est un flambeau dont la flamme illumine le chemin, dérobe aux ténèbres leurs secrets, fait entrevoir les sublimes clartés. Elle guide le pèlerin dans le chemin aux dures aspérités, elle le soutient, elle le rattache par des liens invisibles aux patries ignorées. Celles où sont partis tous vos aimés, celles aussi où sont vos protecteurs et vos guides et si vous savez monter en vous tenant ferme, vous irez loin : vers les demeures christiques où seuls pénètrent ceux dont le flambeau n'est pas éteint.

L'étoile à cinq branches.

JEAN.

L'an nouveau

3 janvier 1929.

De l'année qui vient de finir a sonné la dernière heure. Une joyeuse fanfare éclate pour saluer l'an nouveau. L'aurore se pare de mille feux, tout concourt à orner la nouvelle née: une année riche en spiritualité; la France donne le signal de l'essor dans un acheminement nouveau, le réveil des consciences est un fait. Leurs voix lointaines et voilées se font faiblement entendre, des sons inarticulés, des formules de mots nouveaux, tout se heurte dans ce renouveau. C'est un chaos, mais de ce bruit, de ce mouvement sans cesse renaissant, naîtra enfin le beau lys, la flamme le couronnant. Il naîtra sur un sol tourmenté: cependant de cette fleur magique s'échapperont des senteurs enivrantes. Bien des mains voudront l'abattre, sa blancheur immaculée fera broncher ceux qui se parent de rouge et de noir alternativement. La fleur hélas! n'aura qu'un temps; mais ne sera pas sans laisser son influence; ceux qui l'auront respirée en resteront embaumés pour la vie. O fleur délicieuse ! fleur divine descendue des cieux, tu charmes, tu pénètres ceux qui t'attendent et te désirent. Tu libères les consciences du doute affreux, tu éclaires leur vie ici-bas et dans les cieux. Fleur bénie, reste dans les cœurs à jamais enracinée. Que tes pétales soient le nid où viendra se réfugier la nef fragile, le pauvre oiselet qui, sa course achevée, cherche le gîte, l'abri pour s'y reposer comme dans un asile sûr.

Suprême amour, mais si divin, verse sur nous tes arômes embaumés pareils au lys de la vallée, que notre route en soit à jamais fleurie. Que les vallons et les cîmes, où il nous faudra passer, soient jalonnés de blancs pétales et de pistils d'or. Sois pour nous l'étendard qui nous conduit dans les dures batailles des vies humaines et invisibles. Qu'il nous conduise à la victoire et nous montre le port. Semblables à la Sulamite, glorifiez le Seigneur, redites tout bas ses chants d'amour et de désir pour le Bien-Aimé qui vous attend là-bas. Qu'il est beau pour ceux qui le comprennent ce chant! Que de flammes il exhale, que de passion ardente vers le Bien-Aimé, vers le Tant Désiré: le Messie des nations...

La parole est au Verbe. Silence! Silence! Tout se tait: le monde est en attente...

JEHAN, dit Fleur de pensée.

9 janvier 1929.

Moi Jean, apôtre de Dieu, je vous bénis, mes filles.

Dans ces temps troublés où la matière évoluée cherche à prendre la place de l'esprit, soyez sur vos gardes, tenez en main votre lampe allumée et ne permettez à personne de l'éteindre.

Le médium par ses dons mêmes est tenu de travailler, de donner ce que l'invisible lui donne pour le bien de tous et surtout de la collectivité. Des désillusions seront pour vous, des critiques, des paroles amères; le chemin du médium sincère est semé de croix et d'épines. Souvenez-vous en le cas échéant, n'abandonnez pas la lutte envers et contre tous, à la face du ciel et en appelant à Dieu; clamez bien haut votre foi, votre conviction ferme, votre espérance de l'au-delà. Laissez la terre à ceux qui vivent pour la terre; pour vous qui comprenez, qui croyez, à qui Dieu a permis qu'à maintes reprises il soit donné des preuves irréfutables, indéfectibles, souvenez-vous qu'il n'y a qu'un Dieu, qu'un Père : Dieu; qu'un avenir immortel: Dieu!...

Parties du foyer émanant de la Divinité, vous cheminez en des vies terrestres et autres nombreuses dans le sentier qui vous mènera par l'ascension douloureuse vers Celui qui est, qui fut et sera.

Laissez les incrédules ou ceux qui s'affublent de cette appellation, mais qui au tréfonds d'eux-mêmes veulent étouffer la voix, éteindre la lumière qui vacille et qui, malgré les efforts tentés, parle et brille.

JEAN, Apôtre de Dieu.

Le trésor des Incas

9 janvier 1929.

Sous le sol vierge d'un coin de l'Amérique gisent des trésors inestimables: or, pierreries de toutes sortes. Cavernes des mille et une nuits, resplendissantes de mille feux qui sont les diamants, les pierres de toutes couleurs : émeraudes, rubis, l'opale s'y mêle au saphir, la turquoise y resplendit; à côté d'elle se mire la topaze aux feux multiples. Tant de richesses sont accumulées là depuis des siècles: les joyaux, les diadèmes se mêlent aux ornements des prêtres du soleil. Le trésor des Incas, ou du moins une partie, git là, échappée à la convoitise du conquistador Pizarre et autres bandits qui, au nom de la foi et au nom du roi des Asturies, anéantirent la civilisation, avancée déjà, des empereurs et des rois qui régnèrent au Mexique. Ils établirent leur domination sur le Pérou, pays des derniers Atlantes échappés à la destruction de leur continent.

Des colonies de ces êtres extraordinaires par leur savoir peuplèrent ce que vous appelez le nouveau continent. Mais se souvenant de la leçon formidable, nouveaux titans voulant escalader les cieux par leur savoir et leur science, se souvenant de la leçon, dis-je, ils mirent ce qui leur restait de cette science sous le triple sceau du sacerdoce. Unis par des cérémonies, rappelant l'origine des peuples primitifs, ils firent du soleil l'image du Dieu dont ils vénéraient et célébraient dans le plus profond secret, la grandeur et ce que vous appelez l'Unité: Un et Triple tout à la fois.

Les mystères antiques se célébraient loin des regards profanes et devant les seuls initiés; que dis-je, il y avait des initiés de premier rang et des initiés de second rang. Le mystère de la transmutation des âmes était enseigné dans ces temples secrets. Le droit de vivre sa vie sous le double signe du visible et de l'invisible était réservé à ceux que les prêtres jugeaient aptes à fournir et à se prêter aux exercices occultes, qui étaient le tribut de tout être ayant abandonné sa vie pour ne faire qu'un avec le Dieu Unique. A ceux-là était réservée la couronne d'olivier; par la paix, par l'amour devait la conquérir celui qui la convoitait.

JEHAN, dit Fleur de pensée.

De l'or

17 janvier 1929.

Au temps de la formation première de la planète terre, son sol encore en combustion était plus proche du soleil; le soleil irradiait la mince couche terrestre, la pénétrait de ses rayons, la transperçait plutôt, faisant agir en combustion lente les métaux précieux ou non.

L'or, métal pur quand il est recueilli dans sa pureté première sans alliage, est ce qu'on appelle l'or vierge. Il jouit de propriétés multiples, grâce à l'assemblage chimique dont il est composé, produisant essentiellement de la vitalité; il donne à celui qui le consomme un peu des rayons de ce soleil dont il a emprunté ou réfléchi plutôt la chaleur. Vitalité que vous nommez rayons solaires, ultra-violets ou autres.

L'or donc, mes amies, n'est pas ce vil métal aux fins dernières auxquelles on l'a assujetti: la monnaie. Si le médecin se doublait d'un alchimiste, depuis longtemps déjà il aurait usé de ce précieux métal pour redonner au patient le minéral dont il est dépourvu en certains cas. Propriétés multiples que celles de l'or, vitalité agissant sur le sang, la lymphe et la bile.

Mais hélas ! on n'en est encore qu'aux tâtonnements. Ce métal précieux n'est pas accessible à tous; de même que le radium, les laboratoires devraient être pourvus d'une provision d'or vierge et pur, de façon que n'en soient pas privés les travailleurs aux mains rudes, les artisans de tous métiers, les enfants, les vieillards; en un mot tous ceux que leur état de fortune prive du bonheur de pouvoir donner à leur corps débilité la somme de métal qu'ils ont épuisée.

L'or est un puissant régénérateur et deviendra, par la suite, d'un usage courant dans la pharmacopée. L'or en combustion n'est que la résultante du rassemblement en plusieurs points (filons) de dépôts de corps chimiques brûlant lentement, qui donnent le résidu de ce que vous appelez: l'or.

J'en ai fini sur ce chapitre, je le reprendrai par ailleurs.

Docteur X...

L'ascension vers le but

27 janvier 1929.

Bien des routes convergent et se dirigent vers le but éloigné où tendent tous les efforts de ceux qui l'ont pressenti et s'y dirigent d'un pas assuré. Des routes sont là, paisibles, où vont lentement ceux qui les ont choisies: le schéma des renaissances forme pour eux une chaîne indivisible. Chaque vie est un chaînon ajouté aux autres, déjà acquis. Pour vous, chères amies, la route choisie depuis longtemps déjà est plus âpre; il faut de la vaillance pour côtoyer les précipices, il faut de la patience pour triompher des obstacles multiples. Obstacles placés et qui consistent en déchirements intérieurs: souffrances du corps et de l'esprit; les plus cachées sont souvent les plus douloureuses à panser. Travaillez donc dans la route où vous êtes engagées: flambeau en main, truelle de l'autre. Des obstacles souvent seront devant vous, vous vous déchirerez aux épines de la route; il faut souffrir pour comprendre la douleur des autres, pour panser habilement et d'une main sûre les plaies profondes. Il faut de la fermeté, un coup d'œil juste et surtout de la patience. Bien des plaies ne peuvent être guéries: la nature en mal d'arrêt ne continue plus son travail de régénération, quand le mal est trop étendu, les cellules détruites ne se reconstituent plus. Pour avoir une grande chance de succès, autant que possible, procéder au début: le cancer est un mal rongeant, la bête immonde commence son travail sourdement et souvent il n'est possible d'en établir le diagnostic que lorsque le mal, sous une forme quelconque, s'est montré insidieusement. Mais ce n'est que l'apparence d'un lent travail de destruction qui s'attaque aux sources mêmes de la vie. Le plus sûr moyen de régénération sera la découverte d'un sérum qui, en purifiant le sang, jettera dans le grand courant sanguin des combattants capables de détruire les mauvais habitants. Le sang régénéré, débarrassé du virus empoisonné, ira par le travail admirable de ses mille canaux régénérer les parties atteintes, forçant les agents destructeurs à abandonner le champ déjà ravagé. Ils formeront une zone qui restera neutre en neutralisant les cellules environnantes. La science est en éveil, des recherches sont faites à l'étranger comme en France. Rassurez-vous, l'Allemagne malgré sa pauvreté apparente, l'Amérique avec tout l'or drainé ne resteront pas en arrière.

Espérez, le moment approche où l'ange du Seigneur, d'une voix éclatante, redira aux quatre coins de l'horizon : « Peuples, inclinez-vous, bénissez Dieu : trois plaies les plus hideuses vont disparaître de l'humanité. Dieu le permet. » Je vous ai montré le champ, où en attendant ce moment, il faut combattre et entrer dans la lice. Tout en donnant vos fluides, soyez prudentes, ayez soin de vous dégager longuement; lavage des mains toujours à l'eau courante, surtout dans les maladies contagieuses: tuberculose, cancer et plaies purulentes. Nous aimons à mettre nos amis en garde, ceux qui donnent leurs soins et leurs fluides pour soulager leurs frères en souffrance.

Chère amie, vous ne travaillez jamais isolément; l'aide d'un guide éclairé et suffisamment pourvu de connaissances vous est donnée. Ainsi donc au moment où vous opérez, appelez près de vous le docteur invisible; ce sera si vous le voulez: le docteur X..., savant thérapeute, guide éclairé en occulte puisqu'ayant passé les degrés initiatiques. Permission lui est donnée de vous aider.

Un ami.

Une étude

27 janvier 1929.

Sous le beau ciel de l'Algéric, parmi les lauriers roses et les fleurs aux pénétrantes odeurs, se meuvent bien souvent des souvenirs. L'Arabe, aujourd'hui dégénéré, n'est plus capable de comprendre la valeur de ses ancêtres et sa noblesse antique; ses yeux se sont fermés aux brillantes clartés de l'esprit, accablé et ployé il chemine sur la glèbe. Où sont-ils les brillants cavaliers de Numidie, Jugurtha et ses amis? Où sont-ils ceux qui maniaient, avec tant d'aisance, la lance et la flèche aux traits perfides?

Rome connut leurs exploits et mordit bien souvent la poussière en combattant contre eux. L'on défendait avec apreté les limites des petites et des grandes patries. La louve aux dents longues ne voulait-elle pas asservir le monde? Une partie de l'univers était son empire; jamais lasse, elle poursuivait son œuvre de destruction au nom de la civilisation. Hélas! que reste-t-il du vaste empire romain, où sont-elles les légions de Caïus et de César ? Que reste-t-il de leur vaillance d'antan ? Des Romains d'autrefois, il n'en reste que l'ombre: cruels, inexorables, les plus illustres d'entre eux n'avaient de cesse et ne se lassaient de demander la destruction de ceux qui portaient obstacle à la grandeur de Rome et à leurs ambitions. Vous souvient-il, amie, de vos classiques? Et que penser de ce vieillard (Caton), dont la toge pleine de figues répandues devant le Sénat, disait sans cesse aux pères nobles qu'il fallait détruire Carthage et dont Scipion, excitant la vengeance, fut l'un des instruments destructeurs de la Cité.

Comme toujours, où passait Rome, des tronçons et des pierres éparses montrent seuls que là fut la reine de la Méditerranée, par sa grandeur, par son opulence et la vaillance de ses guerriers.

Carthage domine de ses ruines l'Océan bleu et ses criques. Prends garde, France, la louve aiguise ses dents. Il lui faut de l'espace pour ses enfants: le littoral méditerranéen lui fait envie. Ne fut-il pas l'une de ses anciennes colonies? Elle rêve de l'Algérie, de la Tunisie, du Maroc nouveau qui facilite un vaste empire Sud-Africain; mais de la coupe aux lèvres, il y a loin. Ceux qui ont vu l'Italien combattre s'en rient. Il faudrait beaucoup de chemises noires pour arriver au résultat. La ruse fera mieux ce qu'ouvertement elle ne peut faire: des agissements ténébreux essaieront d'ébranler le colosse aux blonds cheveux. Le fier Gaulois a connu de ces heures où, frappé au cœur, il devait reculer. Mais de tous ces coups, frappés d'estoc et de taille, presque toujours il a triomphé.

Un despote rêve de grandes choses: de reprendre ce que le sang français lui a donné, oubliant les services rendus et ceux qui sont tombés pour que l'unité soit refaite en ce pays. L'ingratitude est mauvaise conseillère et tôt ou tard est dépassée. Ceux qui ont arrosé de leur sang les champs d'oliviers de l'Italie, chassaient l'envahisseur, rassemblaient les petits autour d'un chef capable de les mener à la victoire, ceux-là, dis-je, dignes descendants des Celtes et des Gaulois, peuvent regarder fièrement les Alpes, la mer, les airs, qui sont une menace.

Garde-toi, France, couvre ta poitrine du bouclier et la lance en mains, attends pour foncer sur ceux qui voudraient attaquer ton intégrité, demander le remaniement de tes frontières. Le moment n'est pas éloigné où des paroles claires se feront entendre à ce sujet. Pour garder ton indépendance reste libre, France!

Un soldat.

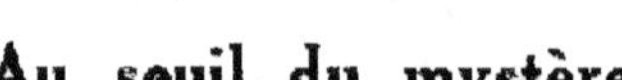

Au seuil du mystère

29 janvier 1929.

Sous la domination des Pharaons et le sacerdoce des prêtres initiés aux mystères secrets, Thèbes-la-Grande resplendit des mille feux allumés dans ses temples: lumière des connaissances, connaissances occultes portées au plus haut degré. Rien de ce que vous connaissez aujourd'hui ne peut se comparer à la science des prêtres de jadis; l'hermétisme y brillait d'une pure lumière, le corps humain pour eux n'avait plus de secrets et pour guérir certains maux, dont l'humanité d'alors était affligée comme celle d'aujourd'hui, ils savaient puiser le baume qui guérissait les plaies aux sources les plus pures. Dans l'immense réservoir qui vous entoure, ils savaient prendre ce qui leur était nécessaire: leur savoir était grand, leurs connaissances immenses. La voûte étoilée était sans secret, ils savaient lire dans le livre de pierre, le langage des nombres pour eux n'était point obscur.

Où êtes-vous, initiés de haut rang, que sont devenus ceux qui possédaient tout ; de tant de grandeur, de tant de savoir ne reste-t-il que le néant ? Non...

A la destruction des temples, les prêtres furent éparpillés, beaucoup furent massacrés; mais à tant de périls le flambeau ne s'éteignit, des mains pieuses le masquèrent aux yeux du public et il resta, source pure, le flambeau de ceux qui, perçant la voûte des cieux, cherchaient le foyer, l'astre émetteur d'où tout était sorti: rare centre initiatique. Tout sommeilla pendant des siècles et dans notre pays même les Druides virent fuir, devant l'envahisseur, l'antique croyance et la tradition des mystères.

Les siècles sombres ont passé, l'ignorance a fui, le doute a commencé et à ces peuples sceptiques il fallait, non plus des mots qui pour eux n'avaient plus de sens, mais des preuves palpables : un centre d'émissions qu'ils pouvaient contrôler. Il fallait pour ceux qui nient, que de nouveau l'esprit se fasse entendre. Le spiritisme naquit sous une autre forme que jadis et sans forme initiatique.

Une foule, hommes et femmes, perçurent en leur moi agrandi l'influence des invisibles; aux uns des voix se firent entendre; pour d'autres il en fut autrement, d'une lumière éblouis, la tête entière ou le cerveau fut le centre, les rayons émetteurs se joignirent à d'autres : l'invisible émetteur, le terrestre récepteur. Ainsi fut établi le pont qui peut permettre aujourd'hui, après tant de tâtonnements, de passer d'une façon sûre d'un plan sur l'autre, et de pouvoir permettre à ceux qui perçoivent la lumière de l'esprit, de travailler en communion d'esprit avec des êtres d'une évolution autre que la leur, plus grande en un mot.

La pensée émettrice d'ondes est un instrument d'une puissance formidable, qui franchit des distances incommensurables et il n'est pas besoin, pour celui qui émet, de matière grise, contrairement à ce que l'on peut penser. La matière grise n'est qu'un terrain préparé où vient se fixer l'instrument réceptif, lequel, quand vient la mort du corps physique, reconquiert au contraire toute sa puissance ; il retourne dans son domaine, demeure de l'esprit et où les pensées fugitives ou immenses restent toujours son apanage.

La pensée, étincelle divine qui sommeille en tout homme, le porte aux plus hautes cîmes et le fait descendre aux plus bas fonds. La pensée, dis-je, quand elle est dirigée et commentée par une volonté sûre, ferme, intangible, peut faire naître des prodiges : la volonté est au service de l'esprit. Ceci dit, amies, pour vous faire comprendre la valeur de ce que vous recevez, soit en littérature, soit en science. L'esprit libre assoiffé de culture, dirigé par un idéal élevé, se meut dans le cosmique d'une façon sûre. Il entend et perçoit des sons, des appels, des émissions que le reste des mortels est impuissant à comprendre.

O mortels du jour ! qui niez ce que vos oreilles n'entendent, ce que vos yeux aveuglés ne voient plus, rendez enfin à César ce qui appartient à César et à Dieu ce qui appartient à Dieu; ce qui pour vous est l'inconnu, ne le niez pas, mais cherchez à savoir, essayez vos premiers pas dans le sentier: une lueur diffuse d'abord vous sera donnée, puis peu à peu vos yeux dessillés apercevront enfin des horizons nouveaux aux aspects ignorés. Des jardins merveilleux qui se parent des fruits les plus savoureux, des fleurs les plus éclatantes. Sachez choisir avec discernement et en suivant la gamme pour l'ascension, car ce que vous aurez laissé de côté volontairement, il faudra revenir le chercher.

Amie, ne soyez point troublée; en travaillant vous augmentez votre butin déjà grand, accumulé en lieu sûr par des existences déjà anciennes et dont certaines furent grandes en savoir et en science. Rien n'est perdu, en caractères indélébiles tout est écrit et reste l'héritage de chaque esprit; à certains la jeunesse est donnée pour travailler longuement, à d'autres, qui ont déjà vécu, il est demandé plus d'efforts, les dons ne viennent que dans la vieillesse seulement. Rien n'est inutile dans la vie: l'âpreté du chemin, les ronces dont il se hérisse, tout cela compte dans une vie et est inscrit au grand livre. Que votre âme ne soit point lassée, cheminez joyeusement jusqu'au terme assigné. Heureuses vous êtes de posséder le flambeau immortel que doit posséder tout pèlerin. Le mieux toujours doit être votre devise et sur votre blason inscrivez le mot: Amour.

Que Dieu vous bénisse, mes amies, c'est le désir de

JEAN.

Fleur des neiges vous salue

29 janvier 1929.

Du pôle j'accours, une terre est née, Bird l'a aperçue. Explorateurs intrépides, chercheurs acharnés qui vous penchez sur le mystère du pôle sud, il reste encore pour vous des coins ignorés: il vous faut arracher aux territoires glacés le mystère des vies qui y reste ignoré.

Le pôle magnétique est l'attraction qui gouverne l'humanité et fait se mouvoir les astres dans l'immensité. Tout est relié dans la chaîne des créations (sphères s'entend), tout se meut, tout s'attire et se repousse en même temps. L'éther est un mystère incomplètement fouillé dont on écarte le voile d'une façon incomplète et incertaine tout à la fois. Il faut compter sur les forces qui découlent des pôles Sud et Nord et inversement.

La force cosmique est grande et non encore calculée ; il faudrait des compas d'une autre dimension pour toucher l'axe et le centre des attractions, pour obtenir d'une façon tangible la force des émissions. De ces ondes, de ces émissions les sphères supérieures et inférieures émettent des ondes brillantes : lueurs fulgurantes de différentes couleurs et dont chaque sphère est environnée (aura).

De ces radiations se dégagent des sons merveilleux souvent et pouvant être perçus à de très grandes distances. Selon la densité des planètes en gaz et en oxygène, les habitants sont plus ou moins imprégnés de matière : ce sont là les demeures du Père et par leur force d'attraction même, elles attirent à elles les esprits composés de la même densité et par cela de la même évolution. Ne craignez pas de rester en route, votre état évolutif vous a déjà assigné la demeure que vous méritez ; en travaillant pour l'humanité vous vous allégez de la matière dense, vous rompez les liens qui vous attachent à l'humanité terrestre et quand le moment du départ arrivera, Fleur des neiges sera là.

Fleur des neiges.

Le Journal

5 février 1929.

« L'expédition Byrd découvre de nouvelles terres antarctiques.

« New-York, 21 février 1929. — L'expédition du commandant Byrd a découvert un nouveau territoire antarctique auquel a été donné le nom de « Terre de Marie Byrd ». Une nouvelle chaîne de montagnes a été découverte et a reçu le nom de « Rochefeller ». Elle est située entre la mer de Ross et la terre de Graham et comprend plusieurs sommets de 2.500 à 3.000 mètres.

« Les membres de l'expédition estiment qu'ils ont à ce jour exploré une superficie de 40.000 milles carrés. »

Le roi du Monde
Le péché

7 mars 1929.

Voici que se déroule à vos yeux, sœurs en croyance, un coin d'une tragédie depuis longtemps commencée.

A l'origine des créations que vous pouvez admirer, dans le royaume du Roi des cieux évoluait une pléiade d'esprits purs, n'ayant rien connu du péché, même l'ombre d'un fil. Ces esprits sublimes, s'il en fut, goûtaient, dans les missions diverses dont ils étaient pourvus, le bonheur, la félicité suprême dont le nom seul ne peut donner qu'un faible aperçu.

Ministres de ce Dieu dont la face se voile même à ses fils les plus chers, Majesté terrible et sublime tout à la fois, le Maître enfin de toutes les sphères. Ces esprits, dis-je, étaient chargés par Lui de pourvoir les mondes de conducteurs invisibles qui, de loin, dirigeaient les mondes commencés et à venir. (Une plus longue description serait nécessaire pour vous faire comprendre les forces qui se meuvent dans l'infini du cosmos sublime). Il faudrait à vos yeux feuille par feuille lire dans le grand livre, vous montrer les maîtres du destin, les frères de la Sagesse, les Archontes, les esprits de toutes sortes qui se meuvent, du plus haut au plus bas degré, pour servir le Maître. (Des livres déjà écrits pourraient vous aider dans vos recherches). Ils vous montreraient d'une façon, quelquefois erronée, les mystères du ciel. Des erreurs il y en a partout, mais aussi vous y verriez des vérités sublimes: la Théosophie vous en offre plusieurs, sachez choisir les fruits capables d'étancher la soif dont vous êtes altérées. Je reviens aux esprits sublimes, maîtres de la création après Dieu. Parmi ces esprits purs de toute souillure se glissa l'orgueil et voilà les plus puissants, Lucifer en tête, qui rêvèrent d'un domaine et d'une puissance égale à celle du Maître Suprême.

Ces révoltés de la Majesté Divine furent attaqués par les fidèles du grand feu : la lutte fut longue et opiniâtre et beaucoup mordirent la poussière; précipités des abîmes du ciel, ils goutèrent enfin aux fruits de la matière. Repus et malgré tout jamais satisfaits, ils voulurent connaître et goûter aux plaisirs des sens, aux jouissances de toutes sortes dont l'esprit est exclus. Pour pouvoir ressembler aux êtres rudimentaires parmi lesquels ils avaient chu, ils durent se confectionner un corps approprié. Non encore, dépourvus qu'ils étaient de puissance et de pouvoirs ; et voilà les fils du ciel voulant pénétrer le mystère des générations futures, qui s'allièrent aux filles de la terre, qui conçurent des êtres mi-fluidiques, mi-terrestres selon l'œuvre de ceux qui les avaient conçus. Ce corps, tour à tour prenant l'aspect d'un terrestre ou d'un être immatériel, possède à des degrés divers le pouvoir d'échapper d'une façon fortuite aux souffrances et même à la mort (Les Agénères). Conception pareille peut être produite par un être possédé d'un autre esprit (Ce sont de ces êtres dont a voulu parler C.). Un être invisible peut concevoir par les organes d'un vivant un autre être de sexe féminin et produire ces êtres qui sont en dehors de l'humanité.

De façon générale cela n'est pas permis : les Maîtres de la Sagesse s'opposent à ce rapprochement qui reste en dehors des formes précises.

X...

A Jehanne-la-Grande. A la Pucelle d'Orléans Domrémy --- L'enfant

10 mai 1929.

La jeune pastourelle était illettrée et naïve: le siècle le voulait. Elle priait avec ardeur le Roi du ciel, elle invoquait aussi les Saints, les serviteurs de Dieu; Saint Michel, Sainte Marguerite-la-Bienheureuse étaient ses préférés. Son cœur pur s'épanouissait sous la voûte sombre des forêts, parmi les moutons ses compagnons du jour. Elle rêvait parfois: doutant de la réalité, se frottant les yeux pour effacer les visions rapides qui s'y succédaient, chevauchées de guerriers blancs comme neige, vêtus de la clarté du soleil.

L'enfant était émerveillée, se demandant tout bas si elle ne rêvait pas; tout s'animait autour d'elle, la forêt se paraît de mille irréalités. A l'enfant étonnée aux grand yeux rêveurs, des voix murmuraient : « Jehanne, prépare-toi pour la grande chevauchée, la France a besoin de toi et le gentil roi. »

L'enfant grandissait, les visions se multipliaient, prenaient corps bien souvent ; Jehanne vivait dans l'autre monde, l'irréel. Mais l'enfant tremblait ; des ordres pressants lui étaient donnés, il fallait partir, quitter tout, parents, famille, la forêt qu'elle aimait, le vieux toit qui l'abritait, l'humble chapelle où elle allait prier. Pauvre enfant! il lui fallait lutter déjà contre sa famille, contre ses amis même: personne ne croyait.

Le jour arriva où Jehanne, ne pouvant résister aux ordres qui lui étaient donnés, se jeta aux pieds des siens, contant avec larmes tout ce qui lui arrivait: les merveilles que jalousement elle cachait. Le directeur de conscience, lui-même, n'était pas convaincu et croyait y voir la griffe du malin. Mais que peuvent les humains contre la volonté divine, quand sa main s'étend sur un de ses missionnés ?

Les résistances les plus opiniâtres furent brisées et voilà Jehanne qui part pour la grande aventure, dont elle ne devait jamais revenir. Le sire de Baudricourt, ébranlé par l'assurance que montrait la jouvencelle qui parlait d'estoc et d'épée, voulut retirer lui-même du tombeau où ils se rouillaient l'armure et le glaive à elle depuis longtemps destinés. Deux compagnons fidèles l'accompagnaient. L'illettrée, l'enfant naïve allait conquérir les cœurs les plus endurcis, ébranler les plus hauts placés qui se feraient, avec complaisance ses chevaliers : le bâtard d'Orléans fut un des fidèles de Jehanne.

Cinq siècles ont passé et l'on commémore aujourd'hui le début de la vie guerrière de l'héroïne. L'on marque d'une pierre ce qui fut les stations de sa gloire et de son calvaire. O Jehanne! toi qui fus seule au moment de partir pour l'effrayant supplice! Pas une main amie ne vint te soutenir, pas une parole de consolation: seule, parmi tes ennemis, tu n'eus comme compagnon que Jésus. Il fut là, invisible, t'exhortant, murmurant à ton oreille défaillante: « Jehanne, aie confiance, le Roi du ciel te réserve en son royaume une part éclatante ; toi qui, pauvre, vécus humblement, dans la patrie d'où l'on revient rarement, tu commanderas des phalanges et ce que sur terre ton bras viril a accompli, par delà la tombe tu achèveras l'œuvre et la mèneras à bien : protéger la France, la sauver s'il le faut. » Un soupir étouffé et la Sainte prend son envolée soutenue par le fils de Dieu.

O femme ! quelle gloire est la tienne ! Vierge à nulle autre comparée! tu règneras sur les cœurs pendant des siècles. Ton souvenir s'avivera, telle la flamme du foyer toujours plus brillante. Toi qui fus humble, réjouis-toi, ta gloire est grande, passant les mondes et les océans.

Vois la France encore pantelante et que déchirent ses enfants. De ton bras puissant, soutiens les défaillants, donne la victoire aux défenseurs d'une juste cause. Comme autrefois nous sommes là, tes vaillants.

En avant ! En avant !

X...

Les forces cosmiques en mouvement

10 mai 1929.

Partout et de tous côtés, dans tous les pays du monde, de ce monde que vous appelez terre, l'écorce craque et s'agite comme si une main puissante la froissait, la malaxait, s'essayant sous une forme nouvelle à changer les continents ; tremblements de terre, les éléments déchaînés, tout cela n'est que l'ébauche du grand mouvement commencé. Il faut s'attendre à autre chose : continents s'abîmant dans les flots, terres nouvelles émergeant des océans courroucés.

Les forces attractives de la terre sont constamment modifiées par les effluves venant des espaces stellaires, astres nouveaux apparaissant dans l'orbe de la terre, nébuleuses en voie de formation. Un grand courant cosmique se précipite sur nous. Le vieux cycle est près de disparaître, le nouveau cycle se prépare à renaître et tous vous apercevez, quand vous vous mettez en méditation, la formation lointaine des terrains nouveaux.

La préhistoire n'a-t-elle pas mis en vos mains des documents, des preuves inattaquables de ce qui fut autrefois la formation de votre continent? Si on sait y lire, on retrouvera facilement les traces des bouleversements profonds qui ensevelirent dans les abîmes de la terre les témoins indéniables de ce que fut la création à ces époques lointaines.

Les travaux accomplis actuellement demandent souvent des assises profondes; tout en faisant travail utile, vous arrachez au vieux globe le secret de ses existences. Ne soyez donc pas étonnés qu'aujourd'hui existe, même dans les saisons, tant de divergences. Le grand pôle glaciaire est en désagrégation, et lentement mais par un travail profond, glisse sur sa base ,entraînant dans son mouvement de rotation les neiges éternelles. C'est ce qui cause les refroidissements actuels. Le Groënland peu à peu se recouvrira de glace et de neige, jusqu'à devenir inhabitable à l'homme.

Le vieux monde est secoué d'invisibles frissons, les temps sont mûrs pour de nouvelles floraisons, tout cela à l'état d'éclosion. Mais la science est grande; si les humains savent comprendre les armes mises à leur disposition, projections magnétiques de grande puissance, électricité domestiquée seront des armes puissantes et déjà connues de lointaines humanités, si les humains savent créer au lieu de détruire.

Les temps sont révolus, une aube nouvelle a lui! Que de lumière tombe de l'immensité sur notre terre éplorée, une pluie de feu et voilà que tout change : les consciences s'éveillent, l'esprit secoue sa lourdeur séculaire. Ce n'est plus le cri vers la terre, mais l'immense clameur vers les cieux. Sachez comprendre.

L'âme humaine est avide de savoir ce qui

se cache dans le secret des immensités de l'éther, elle veut lever le voile et pour cela tous les moyens sont bons : tels emploient la charrue ancestrale, d'autres se servent des outils nouveaux mis à leur disposition par les sciences nouvelles. Tout marche, le vieux temps féodal a fui; l'âme humaine a horreur des ténèbres profondes où l'ont tenue jusqu'ici maîtres et dirigeants, prêtres des vieux mondes... La voie s'est éclaircie, élargie, une foule immense s'y est portée, avide d'assister à la nouvelle éclosion qui est l'annonce messianique. Tous et toutes s'agitent: les uns interrogent les cieux, les autres se penchent vers la terre qui palpite et beaucoup d'incrédules arrachant le bandeau qui leur couvrait les yeux s'écrient : « O Dieu ! que tu es grand qui permets de telles merveilles, qui crées et animes la matière. Nous te reconnaissons pour Maître. Devant ta grandeur nous fléchirons le genou, nous t'adorons, O Dieu! architecte des mondes, dispensateur des dons et Maître de tout. »

Un Initié.

Jehanne

Le cri de Dieu le veut! aujourd'hui est de saison. Ce fut le cri de la grande Lorraine s'élançant sur son destrier à la délivrance de la patrie, pour reconquérir sur l'ennemi ce qui était terre de France.

Depuis longtemps préparée dès sa plus tendre enfance, Jehanne avait les sens ouverts au monde invisible, elle savait lire dans le grand livre de vie. La forêt pour elle s'emplissait de mille bruits, elle écoutait des plus hautes cîmes les harmonies que chantaient les géants des grandes frondaisons à leur Créateur sublime. Elle se penchait sur les fleurs, sur l'herbe tendre, les marguerites, l'humble bleuet; le coquelicot pourpre et de sang l'émerveillait, elle voyait en lui l'emblème d'une couleur du drapeau de la France. Elle l'avait placé près du bleuet; mais le lys des vallées au parfum suave la ravissait et pour harmoniser son bouquet elle plaça le lys entre le coquelicot rouge et le bleuet. C'est qu'elle savait lire, la noble fille, dans l'avenir lointain qu'elle préparait : que de larmes de sang il fallait encore répandre pour arriver où vous en êtes aujourd'hui ! Mais l'humble fille qu'elle était ne restait pas sourde aux mille bruits de la forêt natale; elle savait entendre le passage des tout-petits qui se cachent dans la mousse et dans le serpolet. Elle écoutait, au matin de sa vie, les frais refrains des oiseaux et le jacassement des geais et quand l'aube arrivait, l'Angelus tintait, Jehanne courbant le front, tout émue, se mettait à prier.

Le soir étendait ses voiles de plus en plus sombres sur la nature, un chant merveilleux s'élevait: le virtuose des bois chantait. Ecoutez-le: qui n'a entendu, ravi, les modulations et les trilles de ce frêle gosier, allant du plus suave au plus éclatant diapason pour finir en une roulade prolongée ? Tout s'est tu devant le musicien improvisé : la nature elle-même écoutait, plongée sous le charme du rossignol des nuits. Une dernière trille, un appel encore dans la majesté du soir, le rossignol se tait...

De toute cette beauté Jehanne était imprégnée, elle en sentait la grandeur, elle adressait à Dieu les actions de grâces d'un cœur pur pour les dons dont Il la comblait. Et, voilà qu'encore une enfant, Jehanne se voit adresser, cette fois formellement, l'ordre qu'elle avait si souvent entendu:

Sauver le peuple, délivrer la France.

L'ordre est donné, elle ne sait comment l'exécuter; faisant un grand effort pour vaincre sa timidité, au vieux prêtre et aux siens elle s'est confiée de l'ordre formel qui venait de lui être donné. Depuis longtemps ils savaient que Jehanne entendait et voyait se profiler dans la vieille forêt des voix, des ombres entourées de lumière auxquelles elle donnait des noms. Mais autrefois comme aujourd'hui encore, les incrédules existaient. Qu'importe, Jehanne passe outre à tout cela, l'aide spirituelle lui est donnée, c'est une force qui se met en marche ! Elle ceint l'épée depuis longtemps préparée et monte le destrier à elle donné en tout état de cause.

C'est le départ pour la grande randonnée, la chevauchée sublime qui donnera à un roi un royaume reconquis et à Jehanne le bûcher.

Dans nos désastres, dans nos peines, dans nos douleurs profondes, souvenons-nous qu'il existe une grande figure, un esprit divinisé et que Jehanne est puissante au royaume de Dieu. Demandons-lui de nous aider et pour le grand combat qui se prépare, qu'elle nous aide à travailler pour une plus grande humanité. Elle tient en ses mains un autre étendard fait, celui-là, de force, de lumière, de beauté. Honorons et saluons bien bas l'humble Jehanne et la grande héroïne qui nous montra ce qu'était l'idée de patrie, nous enseigna l'amour, la divine charité. Souvenez-vous que nouveau Christ, elle fut payée de ses bienfaits par l'infâme supplice. « Relapse, idolâtre. » Mais dans l'éternité, l'écriteau infâme a disparu : la couronne aux sept fleurons couvre sa chevelure ; son égide est la Croix, en sa main est le glaive, car elle reste soldat pour la cause de Dieu. X...

L'aube nouvelle

Depuis les temps christiques et la fabuleuse épopée où quelques hommes partirent à la conquête du monde. Ils étaient pauvres, travaillant souvent de leurs mains pour assurer leur pain quotidien: leçon sublime et qui devrait parler à l'esprit des incrédules, des incroyants. Depuis ces temps, dis-je, le signe de Christ s'est étendu; sous la Croix s'est courbée la plus grande partie de l'humanité : sceptre tout d'amour et de charité, telle fut la pensée de Jésus. Mais son œuvre était inachevée, à l'esprit, de nouveau, il fallait parler. Ils sont loin les témoins de la Rédemption: Jérusalem! Jérusalem! que n'es-tu près de nous ? En gravissant les chemins, les sentiers où Christ posa son pied, une flamme ardente nous pénétrerait. Hélas ! humains, vous ne communiez que par la pensée dans ce qui fut la vie et la mort de Jésus.

Cependant l'œuvre ne fait que commencer, le temps a marché; mais l'esprit s'est entouré de liens, il a oublié le chemin du ciel pour ne regarder que la terre. Il fallait plus au grand Supplicié: c'était vos cœurs qu'il demandait les bras ouverts, toujours prêt à pardonner. Tout cela pour un temps, fut oublié; la loi d'amour et de pardon fut changée au nom du Christ, du Supplicié, méconnaissant par là la suprême leçon de Celui qui voulut mourir pour vous montrer le pardon.

Aujourd'hui des nuages se sont accumulés à l'horizon; des bruits sourds se font entendre, de sinistres craquements ont eu lieu menaçant l'édifice du sommet aux bas-fonds. Devant ces menaces le grand Justicier voulut mettre un frein à tout ce qui tremblait, à tout ce qui glissait. Et voilà que de nouveau des voix se firent entendre, des messages furent donnés, des aveugles guérissaient, la souffrance humaine s'atténuait. Un grand souffle a passé et tout ce qui sommeillait dans l'indolence, la paresse et l'habitude du péché, tout cela, dis-je, s'est trouvé réveillé. Le souffle de l'esprit de nouveau s'est fait sentir, il réveille ceux qui somnolaient et s'endormaient, il rassure ceux qui tremblaient. Un spiritualisme nouveau est né qui se greffe avec à propos sur ce que l'antiquité et Christ nous ont légué.

Un grand souffle de vie secoue les apathies. L'âme, assoiffée de vérité et de vie cherche sans arrêt la voie à suivre la plus sûre qui la conduira vers les sommets. L'expérimentation fut donnée, pour faire toucher du doigt aux incrédules nés, aux aveugles volontaires, la preuve qu'ils n'espéraient plus trouver. La barrière fut renversée qui séparait votre plan terrestre des demeures du Père. Les vivants de l'invisible viennent à satiété pour vous faire comprendre par des preuves multipliées, l'existence certaine d'une autre vie et de la pensée. Ils sont là attentifs ceux qui sont partis les premiers, grands frères pleins d'amour qui guident l'humanité vers de meilleures destinées. Ils essayent de déblayer la route par laquelle vous devez passer. Ils travaillent à dégager du blé, l'ivraie et les mauvaises graines qui y ont germé. Ils s'emploient à faire fructifier le champ merveilleux qui leur est confié, champ qui représente pour eux, en épis dorés, les âmes qui leur sont confiées. Attentifs ils sont au moindre bruit; nuit et jour ils se penchent vers les épis de blé, ils les veulent beaux, de froment pur, de grosseur merveilleuse : tels doivent être les élus.

Près de ces êtres sublimes sont placés des intermédiaires qui vous redisent leur pensée; échelonnés de plans en plans il sont, pour parvenir jusqu'à vous et murmurer à votre cœur des enseignements si doux.

Heureuses vous devez être, puisque la certitude vous est donnée que tous ceux que vous avez chéris sont encore près de vous. Leur amour n'a pas faibli, leur sollicitude reste la même. Ils vont, ils viennent affairés, empressés à vos moindres désirs; heureux s'ils peuvent avec à propos vous offrir des fleurs, des rameaux, vous donner, en un mot, la nourriture propre à l'esprit et qui fera de vous, par les leçons données, des pèlerins connaissant la route. Plus d'incertitude ni d'hésitation: la lueur qui vous éclaire ne s'éteint point, petite étoile elle vous guide sans arrêt et sans fléchissement jusqu'au jour de votre avènement dans le royaume de Dieu.

Que votre cœur reconnaissant sache comprendre et reconnaître, dans la rumeur qui emplit le monde, les avant-gardes et les prémices d'une nouvelle rédemption. Rédemption des âmes, règne de l'esprit, tels s'avèrent pour vous et pour tous :

L'aube nouvelle et le règne de Christ.

L'Apôtre.

L'héroïne couronnée

17 mai 1929.

Celle qui fut au ban de l'humanité, rejetée de toute croyance, on se détourna d'elle avec mépris. Mais la fleur de pureté dégage un rayonnement et son odeur suave embaume ceux qui l'ont touchée. Tout en eux tressaille au seul nom de Jehanne, leur cœur se brise à voir tant de douceur, de pureté vouées au bûcher.

Tout est consommé !...

De celle qui fut Jehanne, rien n'est resté, ses cendres mêmes, pour plus de sûreté, à la Seine furent jetées. Même en cendres l'ennemi encore la craignait. Il redoutait de voir surgir des défenseurs sublimes, car, à cette époque éloignée on croyait encore au merveilleux, souvent la superstition s'y alliait. Plus rien d'elle ne subsistait, l'ennemi se targuait de reconquérir, en peu de jours, ce sol de France que Jehanne avait repris en combattant pied-à-pied. Mais le Vengeur de l'innocence ne voulut pas que pareille iniquité s'accomplit. Là où avait triomphé son envoyée, le patriotisme naquit: la notion d'une patrie s'élargit et reîtres, manants et chevaliers combattirent pour délivrer ce qui restait de la France aux mains de ses ennemis.

Cinq siècles ont passé ! Un élan de reconnaissance et d'amour a jailli des cœurs de tout ce qui est France. Que de juvéniles ardeurs et de fierté brillent dans ces yeux, en jetant aux pieds de Jehanne, les fleurs du souvenir et de la reconnaissance. Ces jouvenceaux, ces jouvencelles la sentent pareille à eux; n'avait-elle pas dix-sept ans passés quand, pauvre pastourelle, elle forma le projet de guérir le roi de son indolence et de le faire couronner, de délivrer la France et mourir pour elle s'il le fallait.

La voilà maintenant placée au faîte, elle

renaît de ses cendres plus vivante que jamais. Jehanne veille sur la France, guide les jeunes âmes en de nouvelles randonnées. Mais son ambition est telle, qu'elle voudrait placer la France et ses enfants aux prémices du banquet. Là, elle espère que Dieu voudra bien les placer au premier rang.

O Jehanne ! vers toi nous levons nos mains suppliantes, nous te demandons, O Pureté, de protéger la patrie pour laquelle tu t'es sacrifiée. Veille sur ses enfants, conduis-les par l'amour de Christ vers les plus hauts sommets.

UN FRANÇAIS.

Beautés sidérales et beautés terrestres

24 mai 1929.

L'âme humaine sera éblouie, tout dépassera les réalités faites. Quel peintre pourrait commenter et trouver les tons et les mélanges à faire sur sa palette pour rendre les beautés, fondre les nuances en passant par la gamme des couleurs, en y ajoutant la variante des dégradés, des demi-tons des nus éblouissants. Un artiste terrestre peut d'un cerveau génial le concevoir, mais l'exécuter est autre chose: seuls un Michel-Ange, un Raphaël, un Léonard de Vinci peuvent approcher, par les tons et le rendu des demi-tons, de la vérité de l'expression des visages dont la beauté céleste ravit l'âme et élève l'esprit au septième ciel.

Saint Pierre de Rome possède ces chefs-d'œuvre, le Vatican en regorge. Que de trésors amoncelés qu'il faut quitter pour aller vers des trésors plus précieux, vers l'Inestimable des cieux : diamants et saphirs ravis au ciel bleu. O mondes majestueux ! qui roulez sans sortir de votre orbite et dont un doigt magique a réglé la marche et l'ascension, si l'être humain pouvait se dépouiller de son esprit étroit et de sa matière, recouvrer en un mot sur cette terre sa blancheur immaculée, ravi en esprit, il se transporterait dans l'éther insondable où roulent innombrables les demeures promises. Il verrait se mouvoir, en larges foulées, les géants et les nombres qui comptent le temps et agencent les saisons.

L'esprit extasié verrait, en cohortes innombrables, les anges ! De mélodies divines, d'harmonies infinies il se nourrirait; jamais rassasié, il ne voudrait revenir sur ce lieu d'exil ce domaine si vaste et pourtant si petit, que vous appelez terre et que nous nommons prison.

Au déclin du jour pensez à cela, quand

au zénith se montrera la première étoile et qu'elle y brillera. Regardez le ciel d'un œil attentif, essayez d'y voir les figures magiques, les mille circonvolutions dont est fait le zodiaque. Vous y découvrirez bien d'autres choses : vous y verrez en flamme géante la naissance des mondes. Si vous prêtez l'oreille, vous pourrez entendre dans un bruit formidable crouler les vieux mondes: atomes, parcelles de vie, rien n'est perdu, tout se revivifie. Quand tout est fini, tout recommence. C'est la roue sans fin des existences et quand le cycle est complet, quand il ne reste plus rien à apprendre, c'est l'amour éternel qui vous attend : brasier incandescent, flamme ardente qui vous dévore, laissant seule la pensée survivre à l'anéantissement. Et dans le grand creuset où tout vient se refondre, sciences antiques, sciences nouvelles, amalgame parfait, d'autres mondes surgissent. Les pensées conscientes veulent vivre à nouveau d'une vie agissante, et voilà la raison pour laquelle votre terre et d'autres mondes sont visités par des esprits sublimes ayant atteint la perfection.

Des hauteurs paraboliques je redescends, en figures imagées j'essaie de vous traduire le langage du ciel, pour faire bruire à vos oreilles les harmonies des cieux.

Pauvre poète suis, heureux serais, si j'ai

pu réussir à donner à vos esprits un aperçu des béatitudes qui attendent ceux qui se penchent sur le grand livre de vie, sur la nature splendide mise si largement à votre disposition, et dont, pour la plupart, vous ignorez les beautés. Voyez la Normandie, ses vallées, ses bocages reposants. La Bretagne ne possède-t-elle point sa majesté, quand le fracas de l'Océan frappe à grands coups ses falaises et les fait trembler ? Qu'il fait bon vivre pour l'âme artiste qui comprend, dans l'humble maisonnette tapie au fond du vallon tout fleuri de genêts, où l'herbe mêle ses tons tendres. De l'Armorique je ne m'attarderai pas à vous faire goûter ses beautés parfois tragiques. D'un bond je m'élance, et me voici en Provence; là, bien des poètes ont chanté les beautés de cette terre de France. Mistral a ranimé et remis en vigueur le vieux langage de la côte méridionale: la langue d'Oil. Je regarde les Pyrénées aux tons splendides de vieux cuir brûlé, l'Andalousie aux croupes arrondies. J'y vois là des beautés: que de cascades, que de chemins escarpés qui longent les précipices et vous donnent le frisson. Parfois, dans les couloirs sombres, vous apercevez les cîmes magnifiques qui paraissent vous écraser, et, pour celui qui sait y lire, l'esprit étonné se dit : « Quelle main puissante a pu tailler ces grottes, a pu percher si haut ces cascatelles qui tombent avec mille bruits pareils aux sonnailles. » S'il sait écouter, il entend la voix des fées des eaux qui font glisser entre leurs doigts des perles de cristal transparent. Il écoutera bruire dans la montagne les voix de ses habitants. Il entendra le bruit que fait la matière ardente, il entendra rugir et se tordre le grand serpent de feu que vous appelez volcan.

De ce petit coin de la patrie française, si vous le voulez, nous reviendrons près des Alpes altières que traverse le Gothard bruyant. Que cherchez vous donc, Français, vous qui possédez dans vos mains un écrin si rempli ? Sur le sol de la patrie sont réunis les plus beaux sites du monde; leurs aspects variés et leurs enchantements, les climats même, suivent le caprice de l'architecte qui créa ce joyau sans prix et le peupla de races si diverses aux dialectes multiples, qui opposa le Nord au Midi dans les ardeurs du sang, à la beauté brune et piquante, la blonde aux yeux bleus, aux chairs blanches, d'épis d'or couronnée. Que de trésors ! que de beautés il vous reste à chercher, à découvrir, en un mot à trouver ce qu'est votre patrie : la France.

J. E. D.

Le grand-œuvre de Paracelse

31 mai 1929.
(1495-1541)

Cet esprit, né vers 1500, fut, dans le sens strict, un initié, un chimiste parfait et dont les formules si elles étaient comprises et surtout analysées, étonneraient beaucoup de nos ou plutôt de vos lumières scientifiques. Il se pencha sur les plaies de l'humanité, mais en s'aidant du savoir acquis par de nombreuses générations d'initiés. Dans un cercle secret, il puisa là beaucoup de ses formules, de ses descriptions sur le sang et les humeurs, les nerfs, les muscles, la lymphe, etc. Il composa ce que des ignorants appellent aujourd'hui un grimoire indéchiffrable, un ramassis d'idées désuètes, grotesques même. Cependant il connaissait tout ce que la science pouvait à cette époque lui apprendre: science d'actualité, science des humanités passées. Les auteurs anciens pour lui n'avaient pas de secret; puisant à la bonne source, il couvrait d'un voile anonyme ses recettes, ses idées, ses conseils même dans le langage du temps.

Relisez-le donc attentivement vous qui ne l'avez parcouru qu'en passant, il vous paraîtra plus clair, il ouvrira pour vous des horizons nouveaux. Vous y puiserez pour les malades d'utiles leçons, des conseils donnés sur les simples intéressant les humeurs et le sang.

La chimie d'aujourd'hui a remplacé par ses laboratoires splendides et du dernier cri, le fourneau haletant et les cornues du bon vieux temps. Mais que ce soit un être vêtu d'étrange façon, tels les alchimistes d'autrefois ou ceux plus près de nous, tous, dis-je, cherchent âprement et d'une façon continue le secret des vies. Des embryons ont été créés par vos chimistes, ils ne leur manque qu'une structure, de la lymphe et du sang, l'étincelle divine par surcroît, pour animer le limon. Un chaînon, là, est rompu, un fossé creusé. Des automates, sans plus, sont créés, mais ce ne peut être l'homme arrivé au degré voulu d'évolution, regardant en arrière le passé, contemplant le chemin parcouru, voyant d'un œil serein l'avenir avec ses étapes nouvelles, ses joies, ses douleurs qui sont l'aiguillon de l'esprit pour parcourir sans arrêt et sans retour en arrière : le Cycle.

Le pouvoir de l'homme reste à la matière, mais l'esprit, étincelle divine, est à Dieu. En tout temps, d'âge en âge, il a rapproché la créature du Créateur. Lent acheminement fait de révoltes, de crimes, d'élans sublimes, de renoncements, de sacrifices. Ceux qui savent et connaissent le secret des vies, voient d'un œil plus calme arriver automne et hiver de la vie. Sagement, comme la fourmi, ils butinent, ils entassent dans les greniers de l'esprit tous les trésors mis à leur portée et ceux même que Dieu a placés bien loin de leur retrait.

L'esprit animé de combativité s'élance, tel un trait, vers les demeures inconnues, il n'a de cesse qu'il n'y ait pénétré. Il ravit, nouveau Prométhée, les lumières des cieux pour les donner aux hommes.

Travaillez donc dans votre sphère et selon les dons que Dieu vous a donnés pour le soulagement des plaies de l'humanité, mais en même temps travaillez à délivrer votre esprit des chimères, des idées fausses qui peuvent l'encombrer. Pour ravir au ciel sa lumière, il faut y monter nu, laisser au loin la terre et n'avoir qu'un but : Dieu, amour, fraternité pour vos frères.

Docteur X...

L'aurore se lève

31 mai 1929.

Partout à l'horizon, de haut en bas, de bas en haut, les signes se multiplient. Des avertissements sont donnés, les leçons aux humains ne sont pas épargnées. Qui s'arrête à méditer ? Lancé sur la route comme un bolide, ne prenant ni le temps de regarder sur sa tête, ni à ses pieds le précipice ouvert où beaucoup tombent. Les plus sages vont moins vite, ils prennent, eux, le temps de songer à Dieu, à l'avenir des âmes, aux renaissances successives de l'esprit. Le sage médite et prie... Quelle leçon pour ces affamés de bruit, de vitesse, de jouissance ! Quand ils sont près du précipice, il leur est demandé : « Avez-vous pensé à l'avenir ? » Le patient répond : « Oui. J'ai beaucoup épargné ou je me suis beaucoup amusé, j'ai goûté à tous les plaisirs que la richesse peut donner, je me suis repu de tout, j'ai mangé et bu jusqu'à satiété. De quelle autre vie me parlez-vous, pauvre insensé, laissez ces chimères et ne pensez plus qu'à la réalité : vivre, jouir de tout ce qui est mis à notre portée; pour le reste j'en doute... Une autre vie, pour moi je ne puis me la représenter, il ne faut donc croire aux réalités mises sous nos yeux. Pour le reste, je vous l'abandonne, nourrissez-vous en si vous croyez vraiment à un Dieu : moi, je ne crois qu'au néant. »

La fin d'un incroyant pour ce dernier, la voici : délivré de son vieux vêtement, il arrive à la barrière, nu, les mains vides, un peu inquiet, voulant passer outre malgré les ordres réitérés. Il se voit rejeté par une force inconnue, à son grand étonnement, et il se dit : « Que veut dire ceci ? Je me vois forcé de croire à une autre vie, la façon dont je suis traité me le prouve sans aucun doute : je me suis trompé de route. » L'inquiétude commence à le tirailler, il voudrait sortir de l'isolement complet, il veut user des moyens d'autrefois : plus de voix, il est aphone lui semble-t-il. Où sont-ils les serviteurs nombreux qui s'empressaient, épiant ses moindres désirs ? Où sont-ils les riches palais, les somptueux hôtels ? Plus de flatteurs, plus de richesse, seul et nu il est. Qui se souvient de lui ? Il a marché la tête dans les nuages, les pieds à peine sur la terre, l'orgueilleux est puni jusqu'au jour où comprenant sa détresse, il sent s'éveiller en lui le désir de voir sa solitude se peupler, d'entendre le moindre bruit. A ses appels réitérés, rien n'a répondu et voilà le riche, l'orgueilleux, celui qui fut comblé de tout et qui oublia de se pencher sur la détresse de ses frères moins fortunés que lui. Le superbe se souvient qu'il y avait quelque part une Force cachée, un Dieu inconnu; à genoux il tombe, levant ses mains tremblantes vers cette Force immanée dont il sent l'effet, il s'écrie avec des larmes : « O Toi, Créateur de tout ce que j'ai vu, de tout ce que j'ignore ou de ce qui m'a échappé, je te prie, je te supplie, fais cesser l'état dans lequel je suis. Je suis pauvre maintenant, aie pitié, je me repens, j'ai péché. » Et sur cet être, infime vermisseau, atome parmi les atomes, la Force inconnue se penche et lui dit: « Tu es pardonné; quel que soit ton péché, quel que soit ton crime, nul parmi les hommes ne possède le droit de te juger, moi seul, ton Dieu, pèse dans les balances de ma justice tout ce que tu as fait. Tu as été pourvu de richesses, de plaisirs, tu as été comblé de tout; regarde la terre et vois la pauvreté, retourne peiner parmi ceux que tu as scandalisés. Espère et prie et vois en tous les hommes la fraternité. »

L'Œil de Dieu.

La fin d'un sage

7 juin 1929.

J'accorde ma lyre (Fleur de pensée).

Par un beau soir d'été, lorsque le soleil couchant jette ses feux mourants sur les blés ondoyants, la terre, encore tout imprégnée de l'étreinte de celui qui la féconde, se repose en attendant le baiser de la fraîche rosée qui doit baigner son front et préparer le lever.

Tout est calme, la brise fait à peine frémir la cime des arbres, les oiseaux eux-mêmes ont fini leurs chansons. Seuls, çà et là, quelques grillons égrennent leurs notes chevrotantes. L'âme se recueille sur le grabat; de l'enveloppe terrestre à demi dégagée déjà, elle communie avec la céleste patrie. Elle voit s'ouvrir, en perspective, les portes de rubis; tout se voile pour elle sur la terre, mais ses yeux spirituels percent enfin le voile. Elle se réjouit, ne laissant derrière elle rien qui l'attache à la terre, car, pour elle, ce ne fut qu'une mère acariâtre et mauvaise. La voilà délivrée ! Plus rien ne l'arrête, d'un vol rapide elle fuit à travers l'éther, elle a quitté la terre sans regret. Traversant d'une envolée, elle arrive vers les couches plus hautes qu'elle troue d'un élan impétueux. Une harmonie céleste vient l'enivrer, ravie elle s'arrête. Près d'elle sont les messagers qui viennent préparer son entrée dans le séjour où elle doit rester, jusqu'au jour où de nouveau elle voudra retrouver son activité, après avoir joui du repos.

Pour le sage il lève la tête toujours plus haut. La terre et ses fleurs et ses fruits n'ont plus d'attrait pour lui. Il ne rêve plus qu'aux joies spirituelles de l'esprit : bonheur ineffable, que ne puis-je toujours en jouir !... Les messagers lui disent : « Ne crains rien, tu resteras là. Pour toi, vois-tu, la besogne ne saurait manquer, regarde autour de toi et d'un vol rapide élance-toi vers les sphères qui fuient et qui cependant sont à toi; vois ces astres rutilants qui sont autour de nous et qui passent si près que nous les frôlons. Ils décrivent de larges cercles immuablement fixés dans leur orbe par le Tout-Puissant. Partout, vois-tu, il y a à faire, travaille sans relâche ; là est le bonheur pour vous. Pour nous, il faut sauver les âmes et préparer la route aux retardataires, à tous ceux qui sont restés en route. D'une main fraternelle, efforçons-nous en les aidant, en portant avec eux, souvent, le lourd fardeau qui déchire leurs épaules, soyons vraiment des frères. » Et d'un geste large le messager embrasse pour l'esprit nouveau-né les vastes horizons, les profondeurs du ciel, les inaccessibles demeures où règne le Père. Contemple toutes ces merveilles, elles sont notre domaine, car Dieu a créé pour nous la terre et le firmament. C'est la montagne sainte qu'il faut gravir en souffrant: d'étape en étape, de chute en chute nous allons. Que d'efforts perdus, souvent pour un jour d'oubli, que dis-je, une heure même; mais qu'importe, si au bout de tant de peines nous touchons aux récompenses. Vois la tienne par avance : la couronne t'attend, sois ravi en esprit et continue l'ascension. Prie le Dieu immense, immuable et tout puissant de te donner du blé en abondance pour nourrir les affamés et les souffrants. Puissent les celliers célestes s'ouvrir pour toi et que Dieu te permette d'y puiser en abondance. Tu feras beaucoup de bien et tu seras méritant si tu nourris la foule et l'abreuves d'eau vive. Ton cycle sera fini et tu jouiras enfin de la paix, de la lumière, fondu dans un amour immense; Dieu enfin, force pénétrante qui te fera roi à ton tour, quand tu ceindras la couronne.

L'Initié, Fleur de pensée.

Inspiration

13 juin 1929.

Sur un parterre fleuri une tête chenue se penche, admire les coloris et les verts de tons si tendres; d'un doigt léger elle effleure les corolles pour lire au-dedans : le travail est muet, mais combien passionnant pour celui ou celle qui s'y livre un instant. Fleurs splendides, fleurs candides, corolles aux tons éclatants, muguets, violettes tendres, tout s'y mêle en un assemblage savant. Que de nuances, quel coup d'œil chatoyant: ce sont les fleurs de l'invisible, celles qui lasses de besogner ici-bas sont parties. Et combien de ces fleurs éclatantes et meurtries, humbles et douces à la vue ont été lasses de souffrir et le soir du beau jour où elles devaient partir, ont rassemblé leurs forces pour exprimer leurs espoirs, leurs désirs.

L'esprit parti se recueille et regrette quelquefois sa prison; un instant de révolte et de nouveau il se penche sur cette terre qui l'a tant fait souffrir: sous son désir les épines disparaissent et les roses renaissent. Ainsi tenté l'esprit cherche à redescendre et il redescend en effet pour souffrir encore et avancer. Les fleurs les plus belles, en regard d'ici-bas, sont celles, souvent, dont la tige se perd dans un terrain fangeux. Heureuses les humbles qui se cachent sous un vert corselet et que seul leur parfum fait découvrir : l'humble violette n'a-t-elle point son charme, son parfum n'est-il pas délicieux ?

O bonheur de ceux qui au soir de la vie s'en vont sans regret de leur champ, ils ont bien souvent retourné, ouvert et fermé le sillon. L'heure est venue de recueillir le fruit de leurs efforts, de leurs labeurs, de leurs sacrifices : détachés de tout ils sont. Pour eux est passé le temps des passions, il ne leur reste rien de ce qui fut l'ardeur d'un été, en eux le calme s'est fait. Ils attendent avec sérénité l'instant de partir de l'autre côté ; le coche est là qui les attend, un instant, un rien et c'est fait ! Ils naissent de nouveau dans un monde plus parfait, ils voient éclore sous leurs pieds les fleurs les plus variées ; de mille et mille fleurettes le chemin est semé.

L'air est calme, l'ombrage est parfait, une brise douce et parfumée les enveloppe de toutes parts : tout est sérénité, les vieux époux d'antan s'avancent unis étroitement, avec ravissement ils contemplent les horizons nouveaux, les monts et les vaux, les vallées et les plaines sur lesquelles ondule à nouveau une riche moisson. Leurs regards perdus vers des horizons lointains, ils communient, en esprit, dans la douce émotion qui les étreint; car que pouvaient-ils désirer ici-bas ? Rien, de ce qui leur est donné en comparaison. Que de lumière, que d'ors ! Rien ne borne plus leurs yeux et par delà les monts ils entrevoient l'avenir. Ils voient le temps où de nouveau ils sèmeront pour moissonner d'autres récoltes faites de leurs efforts, de leurs labeurs, de leurs peines aussi. Ainsi se continue d'étape en étape l'ascension; l'habitat nouveau nous montre l'habitat à venir; par anticipation, vous en goûtez les délices et jouissez des sites.

Travailleurs acharnés, continuez de semer; de vos efforts la mission est faite, elle s'annonce abondante. D'un geste rapide l'ange l'a fauchée et de nouveau l'inspiration se fait entendre par une voix d'enfant; voix dont le son va en s'amplifiant d'année en année.

Il croît tel un bel arbrisseau, sa tête se penche déjà pour écouter le vent, il frissonne aux mille bruits de la lande, son âme s'exalte aux chants matinals qui se font entendre.

Ecoutez, écoutez la grande voix qui gronde et roule. Elle annonce... Elle annonce, à nouveau, la présence de Celui qui pour vous représente la Rédemption. Il se penche sur vos plaies et veut les guérir. Il est plein d'amour le bon Berger, Il attend l'heure pour ramener au bercail béni les brebis que son Père lui avait confiées.

Un moine.

Question. — Des instructions données ailleurs par des esprits me paraissent en complet désaccord avec celles que nous recevons de nos guides, au point de vue spirituel ?

Réponse. — Comme vous ne l'ignorez pas, amies, l'espace est peuplé d'êtres plus ou moins évolués qui gardent par devers eux, les idées, les principes pour lesquels ils ont œuvré pendant leur vie terrestre; se retrouvant à l'état libre d'esprit, ils ne dépouillent pas le vieux vêtement, ils gardent l'empreinte de leurs passions, de leurs désirs et viennent à vous, terrestres, revêtus de leur personnalité telle qu'ils se l'ont faite. Si l'esprit ne plane pas par une évolution avancée au dessus des contingences humaines, si, par son évolution, il n'est placé sur un degré élevé et stable, il ne peut donner que de l'instable.

Ne prenez donc pas à la lettre tout ce qui contredit les prophéties antiques, les évangiles nouveaux et voyez en Christ, un Verbe, dont la signification est :

Parole manifestée.

Devant la grandeur de l'œuvre accomplie par Christ et ses Apôtres, voyez la main qui soutient l'édifice. S'il eût été question d'un simple illuminé, d'un révolutionnaire plutôt, puisque par son évangile d'amour Il brisait les chaînes et donnait à tous la liberté, s'il s'était agi d'un simple esprit mû par l'ambition, son œuvre eût été nulle et stérile; puisque pas soutenus les piliers de l'édifice n'auraient pu supporter la toiture et dans un espace limité tout se fut effondré. La Vérité est telle qu'on ne peut la nier devant l'étendard mystérieux qui flotte maintenant aux quatre coins de l'univers : le Labarum antique, le signe mystérieux, que seuls reconnaissent les êtres assez avancés pour communier du même amour en humanité. Ces temples antiques où se transmettaient, de génération en génération, les secrets, les pouvoirs de l'antique initiation. Ces temples fermés aux profanes où seuls peuvent pénétrer les êtres marqués au front du signe initiatique et fatidique : le triangle.

Comprenez mieux : ceux qui ont pu passer les portes faites de perles et de rubis, d'améthystes et de topazes: la Cité sainte, la Sion bénie, la Jérusalem aux mille portes.

UN INITIÉ.

En attente

Jeudi 20 juin.

C'est la nuit ! une ombre opaque que des éclairs sillonnent, la foudre gronde et secoue les continents. On dirait que de nouveau la terre est en enfantement. Partout et toujours quand de grands événements se préparent, des signes terrestres et célestes sont donnés ; autrefois on en faisait cas, maintenant on n'y prête plus attention.

La nuit prépare l'aube, je la vois s'avancer toute parée de rosée aux diamants étincelants. Qu'elle est belle l'espérance qui fera communier tous les vivants d'un même amour : fraternité ! L'aube se pare d'ors merveilleux, de pierreries brillantes, tout présage le lever du Roi soleil qui vient nous donner sa chaleur et des espérances nouvelles ; un ciel radieux, un soleil éblouissant réjouissent terre et cieux. Tout brille, tout chante, car Le voilà qui s'avance et qui vient de nouveau, se faire entendre par la voix d'un enfant...

O Christ ! ton amour se penche de nouveau sur les humanités et devant tant de désespérance tu nous apportes la branche d'olivier. Qu'Il est grand déjà, Celui sur qui ta main se pose. Nos cœurs palpitent déjà à l'espoir de bientôt entendre ta parole, O Maître ! par l'organe d'un autre.

Nous sommes là, vois-tu, tes disciples ; à nouveau, à genoux, nous prions Dieu pour le bonheur futur de toutes les humanités.

Nous attendons, ô Maître ! les maux qui feront se courber les fronts, qui galvaniseront les hommes et les feront se dresser en criant: « Il est venu de nouveau à nous le doux Envoyé, Il accomplit la promesse qu'au nom du Père Il avait faite. Esprit Consolateur ! Esprit de Vérité ! nous te touchons enfin, nous t'espérons, nous t'appelons de toutes les forces de nos êtres assemblés. Fais que de bonheur nous expirions en reconnaissant la voix du doux Maître que nous avons aimé et servi autrefois. La Judée, la Palestine furent les patries où nous sommes nés. »

Bientôt sonnera l'heure où les grands de la terre seront étonnés : point de temple pour Celui qui viendra prêcher la loi d'amour et la fraternité ; humble il sera et parmi les humbles se plaira.

O vous qui m'écoutez, sachez comprendre : la superbe ne sera point son fait, car, en lui revivra l'amour de Jésus pour tous ceux qui souffrent, pour tout ce qui est humble et persécuté. Il prêchera au nom de Christ le Bien-Aimé, la libération des consciences, la liberté dans la fraternité. Que de haines il soulèvera, que d'espoirs il détruira, Lui, qui fera fi des temples et ne voudra, à Dieu, pour l'adorer, que la voûte étoilée ou la sombre voûte des grands arbres. La nature entière sera le cadre où il commencera la prédication de la révélation nouvelle : la parole de Dieu !

Tressaillez d'allégresse, que la joie inonde vos cœurs, voici que déjà la lumière lui est donnée ; avec les amis de l'espace, il converse, il parle, c'est l'aube nouvelle ! Le soleil ne s'est pas encore levé que déjà se soulèvent et s'écartent les voiles légers qui cachent la face de Celui qui l'inspirera.

Un Initié.

Les Druides

27 juin 1929.

Aujourd'hui je vous parlerai des centres où vécut Vercingétorix, le héros gaulois immortalisé par sa lutte contre César, Rome et ses légions. A cette époque reculée, Gergovie était le centre où dominait le chef choisi par ses pairs en assemblée solennelle;

choix ratifié par les Druides dont il était le protégé et qui l'avaient initié.

A cette époque Rome atteignait l'apogée de sa gloire, plus rien ne lui résistait : maîtresse des Gaules Transalpine et Cisalpine, elle ne voyait lui résister qu'une poignée de tribus ou clans qui se retranchaient, bien souvent, au fond de forêts inexpugnables, ou se réfugiaient dans des sites inaccessibles à l'ennemi. La résistance s'annonçait brillante, l'espoir renaissait chez les assiégés et César, lui-même, voyait pâlir son étoile devant la pire résistance et l'opiniâtreté de nos ancêtres. Mais la haine veillait, la jalousie l'alimentait et ces deux sentiments, la trahison vint les couronner. Car le rôle de chef suprême des armées gauloises, dévolu à Vercingétorix, avait été disputé par d'autres chefs l'égalant par la naissance, la bravoure et la renommée : ce fut parmi ces chefs, placés au second rang, que vint la trahison.

Les Romains étaient passés maîtres pour creuser des tranchées et cheminer sous terre. En peu de jours Gergovie fut entourée d'une ceinture de fossés creusés par les assiégeants: la résistance opiniâtre, la lutte désespérée, tout cela dut s'abaisser devant la famine, le manque d'aliments aux assiégés.

Ainsi fut prise la forteresse, dernier rempart des chefs suprêmes, des vieilles libertés.

Finie la résistance des Druides encourageant la vaillance des combattants, les animant et leur montrant le trépas comme un moyen sûr d'aller revivre près de leurs ancêtres et de leur famille, dans un endroit toujours riant, paradis des vaillants !

Ce fut le dernier rempart du vieux monde Celtique et de ce qui avait été la gloire de ces temples qui avaient entendu les chants des Bardes d'autrefois : il ne resta rien que des ruines. Rome veillait ! Les prêtres de ce culte, dispersés, ne purent en appeler de nouveau à la liberté. Rome triomphait, pour un temps seulement, car le génie de la race n'était qu'endormi. Les coutumes ancestrales avaient pu être abolies, le vieux sol Celtique gardait entièrement à lui : sa foi et ses rites.

L'île de Sein se dressait pourtant, toujours sinistre et solitaire, près de la baie des Trépassés; de la pointe du Raz on l'apercevait. L'Armorique, ses légendes, ses croyances naïves sont des restes du vieux rite. Le Druide n'est plus là pour commander aux éléments. La Druidesse dans un appel ardent ne vainc plus les vagues courroucées, elle ne domine plus l'Océan. Mais vous, qui m'écoutez, prêtez l'oreille et voyez la longue file d'âmes qui s'avancent de blanc vêtues, elles se préparent à escorter Celui sur qui l'Esprit est posé. Ce n'est encore qu'un frêle enfant, mais combien d'âmes il entraînera à sa suite, parlant au nom du Christ ; son vêtement est blanc, son blason est d'hermine, sur un champ de croix il est posé.

Et voici que s'agite, dans tous les centres mystiques, la nouvelle que bientôt va venir le Porte-parole du Bien-Aimé. Ah ! que d'âmes vont tressaillir, quels beaux champs de lys, quelles moissons superbes se préparent ! Nos champs se couvrent de fleurs pour fêter sa venue, fleurs mystiques et qui parlent à l'esprit. Le rouge coquelicot, symbole du sang versé si généreusement par les Gaulois et les Francs aux quatre coins du monde et à satiété ; le blanc, symbole de pureté sur lequel nos yeux doivent se fixer, car nous devons comprendre qu'il n'est possible d'être admis au banquet si notre vêtement n'est immaculé ; le bleu nous donne l'espérance en nous montrant le ciel, récompense de nos travaux, de nos efforts, de nos souffrances : de ces trois couleurs, sachez comprendre la signification mystique. Ne voyez-vous pas Christ aller au supplice vêtu de pourpre ; les anges ne sont-ils pas vêtus de robes immaculées et Marie, elle-même, ne se pare-t-elle pas de bleu souvent ?

Heureuse France ! qui vois fleurir déjà tant de lys et de pâquerettes blanches : voilà que de ton sol a jailli un beau lys blanc.

De gloire il couvrira ton pays, ce sera de nouveau la cité des Saints et ce sera Paris.

J. E. D.

Question. — Comment acceptera-t-on l'Envoyé ?

Réponse. — Les cœurs seront touchés, les âmes émues laisseront leurs demeures pour suivre l'Envoyé.

Christ vient par sa bouche enseigner l'Evangile qu'Il nous avait donné et accomplir la promesse, l'Esprit Consolateur qu'au nom de son Père Il nous avait faite, c'est-à-dire : l'Esprit Consolateur donnera la lumière à toutes les âmes avides de savoir et qui cherchent la vérité en dehors de la matière. Renouveau formidable de la spiritualité. Tous se tourneront avec angoisse vers les centres qui possèdent déjà la lumière. Les signes ont paru dans les cieux et se manifestent sur la terre. Le monde est en attente, car c'est une formidable chose quand la vertu du Père descend sur la tête d'un enfant. Soyez attentives, tenez-vous prêtes et comme dans la parabole antique, vêtues de blanc, veillez, tenez votre lampe allumée, car voici qu'au loin s'avance l'époux mystique. Qu'Il est beau ! quelle majesté et quelle douceur en même temps. Son maintien est plein de grâce, sa robe est de lys, d'étoiles sa tête est couronnée. Pas de sceptre pour Lui ; mais de ses mains percées tombent le miel et le baume par quoi les plaies seront cicatrisées.

Priez et soyez en attente.

Question. — Qui sera l'Envoyé ?

Réponse. — Un fils de Dieu. Une vague de lumière couvre la terre.

J. E. D.

L'ouragan secoue toutes les vieilles croyances. Les clochers seront abattus, les superstitions et les mythes balayés par un souffle violent. Une brise vivifiante soufflera par la suite.

JEHAN, dit Fleur de pensée.

L'ouragan

17 décembre 1929.

L'ouragan a passé, en semant la terreur
Des courants déchaînés. D'où vient cette tempête
A nulle autre pareille ? On dirait la fureur
D'une force mauvaise ébranlant la planète.
O Dieu ! permettras-tu que le mal nous décime ?
C'est ta justice, hélas ! qui vient nous avertir
Qu'enfin l'heure est venue où Dieu las de nos crimes,
Prévient l'humanité d'un plus triste avenir !...
D'un immense frisson la terre est secouée ;

Les peuples anxieux consultent leur destin.
Il leur est répondu : « C'est d'un cycle la fin !...
Il nous faut rénover cette sphère plongée
Dans la fange et le vice, afin qu'améliorée
Au contact invisible, elle puisse vivre encore
Et du Dieu tout amour implorer la lumière. »
Mais quel est ce prodige ? Un enfant sur la lande
S'avance lentement. Il est majestueux :
Son front étincelle de rayons lumineux
Et dans ses yeux se lit l'avenir des mondes.
Il est modeste et doux, il porte la lumière.
C'est un don du Divin ! Comprenez-vous, mortels,
Que les temps révolus, Dieu vous donne un enfant
Qu'un Messie vous est né venant de l'Eternel ?
Il revient parmi nous prêcher la charité,
La sublime bonté, amour, fraternité.
Il faudra l'écouter, suivre la loi divine,
L'Evangile enseigné par sa voix enfantine.
De Christ il est béni, il est son précurseur
Peuples, prosternez-vous, C'est un nouveau Sauveur.

M. C.

TABLE DES MATIÈRES

6774-30. — Tours, Imprimerie Arrault et Cie.

6774-30. — Tours, imprimerie Arrault et Cie.

www.ingramcontent.com/pod-product-compliance
Lightning Source LLC
LaVergne TN
LVHW020023170826
845678LV00001B/96

* 9 7 8 2 3 2 9 7 7 4 3 8 1 *